重庆工商大学学术专著出版基金
重庆工商大学商科国际化特色项目   资助
重庆工商大学科研启动经费项目（1955071）

社交网络用户不同类型使用行为的影响因素及作用研究

The Antecedents and Effects of Users' Different Behavior on Social Networking Sites

陈　思◎著

中国财经出版传媒集团

经济科学出版社

Economic Science Press

图书在版编目（CIP）数据

社交网络用户不同类型使用行为的影响因素及作用研
究/陈思著. —北京：经济科学出版社，2021. 11
ISBN 978 - 7 - 5218 - 3058 - 3

Ⅰ. ①社… Ⅱ. ①陈… Ⅲ. ①社会交往-互联网络-
用户-行为分析　Ⅳ. ①C912. 3

中国版本图书馆 CIP 数据核字（2021）第 230484 号

责任编辑：杜　鹏　刘　悦
责任校对：王肖楠
责任印制：邱　天

社交网络用户不同类型使用行为的影响因素及作用研究

陈　思　著

经济科学出版社出版、发行　新华书店经销
社址：北京市海淀区阜成路甲 28 号　邮编：100142
编辑部电话：010-88191441　发行部电话：010-88191522
网址：www. esp. com. cn
电子邮箱：esp_bj@ 163. com
天猫网店：经济科学出版社旗舰店
网址：http：//jjkxcbs. tmall. com
固安华明印业有限公司印装
710×1000　16 开　13. 75 印张　210000 字
2021 年 11 月第 1 版　2021 年 11 月第 1 次印刷
ISBN 978 - 7 - 5218 - 3058 - 3　定价：76. 00 元
（图书出现印装问题，本社负责调换。电话：010 - 88191510）
（版权所有　侵权必究　打击盗版　举报热线：010 - 88191661
QQ：2242791300　营销中心电话：010 - 88191537
电子邮箱：dbts@ esp. com. cn）

前　言

　　近年来社交网络的平台数量和用户规模在持续增加，但社交网络使用给用户带来了诸多负面体验，致使一些大型社交网络平台的用户使用率有所下降。因此，社交网络用户的使用行为及相关的用户体验成为产业界和学术界重点关注的问题。主动和被动使用是社交网络用户最常见的两种使用方式。社交网络用户的主动使用行为通常被视为社交网络平台发展和成功的基石，但是，用户通常会花费更多的时间被动浏览社交网络。社交网络用户的主动和被动使用究竟包括哪些行为？社交网络主动和被动使用是否对用户体验带来不同的影响？产生了哪些影响？又受到哪些不同因素的影响？针对以上问题，本书以社交网络主动和被动使用行为为研究对象，以社会认知理论、社会资本理论、使用和满足理论等理论为基础，考察了社交网络用户主动和被动使用行为的前因及影响。本书的研究主要包括以下三个方面。

　　首先，探讨了社交网络用户主动和被动使用行为的差异化影响。结合微信这一具体的社交网络，修订并检验了微信主动和被动使用行为量表，最终确定了四种使用行为类型——主动社交使用、主动非社交使用、被动社交使用、被动非社交使用，为后续分析微信用户主动和被动行为的影响因素以及作用奠定了基础。在此基础上，根据社会认知理论，构建了社交网络主动和被动使用对社会性变量、心理变量以及后续行为变量影响的理论框架，并通过问卷调查数据对构建的模型进行了实证检验。研究发现，在社会性影响方面，微信用户的主动社交和主动非社交使用行为均积极影响桥接型和粘接型两种社会资本，而被动社交和被动非社交使用行为仅积极影响桥接型社会资本。在心理影响方面，微信用户的主动使用行为（社交与非社交）、被动非社交使用均有助于提升用户的在线幸福感，而主动非社交使用和被动社交使用会增加用户的抑郁情绪。仅微信用户的主动社交使用行为会直接推动其持续使用意向。桥接型社会资本和在线幸福感积极影响微信用户的持续使用意向，抑郁情绪则会抑制用户的持续使用意向。

其次，揭示了社交网络主动和被动使用背后的不同动机。基于使用和满足理论，构建了影响社交网络主动和被动使用的内在动机的理论框架模型，通过问卷调查数据对模型进行了实证检验，并结合深度访谈对这些因素的作用过程进行了深入分析。研究发现，微信用户的主动和被动使用行为会受到不同动机的影响。微信用户的主动社交和非社交使用行为均受到自我表达的影响；主动社交使用行为还受到社交互动动机的影响，而主动非社交使用行为则受到感知享受的影响。微信用户的被动社交和非社交使用行为均受到习惯性消遣时间动机的影响；被动社交使用行为还受到社交互动动机的影响，而被动非社交使用行为则受到信息寻求动机的影响。质性研究结果进一步验证并加深了这一结论，同一动机因素对不同使用行为的影响路径也存在差异。此外，性别会消极影响微信用户的被动社交使用行为，女性用户的被动社交使用要显著高于男性用户，年龄会消极影响微信用户的主动社交使用、被动社交使用和被动非社交使用行为，两者对用户主动非社交使用行为影响均不显著。

最后，解释了社交网络用户主动非社交使用行为的影响因素。以发布位置及相关信息（位置表露）为例，根据社会认知理论和信任转移理论，并结合中国特色文化，构建了社交网络主动非社交使用影响因素的理论模型，通过问卷调查对模型进行实证检验。研究发现，想要面子、怕丢面子和社会规范积极影响微信用户的位置信息表露意向，社会规范部分作为怕丢面子与位置信息表露意向之间的中介，对社交网络成员的信任和对社交网络平台的信任显著推动用户在朋友圈中发布位置信息的可能性。本书研究还进一步证实了社交网络环境中信任转移现象的存在，对社交网络"好友"的信任有利于用户进一步信任社交网络平台运营商。对社交网络平台的信任在对社交网络好友的信任与用户位置信息表露意向之间起着部分中介作用。

　　本书的研究结论有助于社交网络企业深入了解用户不同的使用行为，为社交网络运营商优化服务以改善用户体验提供了理论指导，也为社交网络运营商了解中国用户位置信息表露的影响因素以优化移动广告等服务提供了参考。

陈　思

2021 年 9 月

目　录

第1章　绪　论 …………………………………………… (1)

　　1.1　选题背景及研究意义 ……………………………… (1)

　　1.2　研究内容、技术路线和研究方法 ………………… (7)

　　1.3　研究创新点 ………………………………………… (12)

第2章　相关理论及文献综述 ………………………… (15)

　　2.1　相关理论回顾 ……………………………………… (15)

　　2.2　社交网络使用的相关概念 ………………………… (20)

　　2.3　社交网络使用的影响因素 ………………………… (25)

　　2.4　社交网络使用的影响 ……………………………… (30)

　　2.5　文献总结与评述 …………………………………… (45)

第3章　社交网络主动和被动使用维度及其测量研究 ……… (48)

　　3.1　引言 ………………………………………………… (48)

　　3.2　研究设计 …………………………………………… (50)

　　3.3　数据分析 …………………………………………… (57)

　　3.4　结果讨论 …………………………………………… (61)

　　3.5　本章小结 …………………………………………… (62)

第4章　不同类型社交网络使用行为的影响后果研究 ……… (64)

　　4.1　引言 ………………………………………………… (64)

　　4.2　模型及假设 ………………………………………… (65)

　　4.3　研究设计 …………………………………………… (70)

　　4.4　数据分析 …………………………………………… (76)

4.5　结果讨论 ……………………………………………… （97）

4.6　本章小结 ……………………………………………… （101）

第5章　不同类型社交网络使用行为的动机及形成机制研究 ……… **（103）**

5.1　引言 …………………………………………………… （103）

5.2　研究问题 ……………………………………………… （104）

5.3　研究设计及分析 ……………………………………… （104）

5.4　结果讨论 ……………………………………………… （129）

5.5　本章小结 ……………………………………………… （139）

第6章　社交网络主动非社交使用行为的影响因素研究 ………… **（141）**

6.1　引言 …………………………………………………… （141）

6.2　模型与假设 …………………………………………… （143）

6.3　研究设计 ……………………………………………… （148）

6.4　数据分析 ……………………………………………… （154）

6.5　结果讨论 ……………………………………………… （160）

6.6　本章小结 ……………………………………………… （161）

第7章　研究结论与展望 ……………………………………… **（163）**

7.1　研究结论 ……………………………………………… （163）

7.2　理论意义与管理启示 ………………………………… （166）

7.3　研究局限与未来研究方向 …………………………… （169）

附录 …………………………………………………………… **（172）**

参考文献 ……………………………………………………… **（183）**

第1章

绪　论

1.1　选题背景及研究意义

1.1.1　选题背景

近年来，互联网持续高速发展，我国网民规模呈稳健式增长。中国互联网信息中心（CNNIC）发布的第43次《中国互联网络发展状况统计报告》显示，截至2018年12月，中国网民的普及率达到57.6%，网民数量达到8.29亿人。其中，手机上网用户规模高达8.17亿人，占总体网民数量的98.6%（CNNIC，2018）。"无社交，不互联"，互联网的真正意义在于打破时空和连接彼此，社交网络的出现更是凸显了这一本质。社交网络将线上虚拟世界与线下真实世界连接起来，打破了时间和地域上的鸿沟，成为映射现实社会的镜子和放大镜。

社交网络的普及带来了社交网络用户规模的爆炸式增长，同时，社交网络网站和应用层出不穷。如今，社交网络已经逐渐成为人们日常生活中必不可少的一部分。据美国市场研究公司eMarketer估计，2017年全球有1/3的人在使用社交网络，总数达到了24.6亿人（eMarketer，2018）。用户每周使用社交网络的频率超过1500次，每天平均花费2小时的时间浏览社交网络或者

1

与好友互动（GWI，2015）。我国社交网络用户的规模也在不断扩大，中国移动社交应用的用户规模在 2017 年 5 月达到了 5.9 亿人（艾瑞咨询，2017）。微信作为中国最主流的社交网络之一，提供了多样化的社交网络服务，便于用户即时与好友保持通信或随时随地发布状态记录生活。腾讯发布的《2017 微信用户 & 生态研究报告》显示，截至 2016 年底，微信月活跃用户数量高达 8.89 亿人，超过 1/2 的微信用户日均使用时间超过 2 个小时（腾讯，2017）。

虽然现在社交网络用户规模还在持续扩张，但是，用户在许多大型社交网络平台上的使用时间却出现下降趋势。英国数据收集公司 SimilarWeb 在收集了九个国家的社交网络应用的用户数据后发现，几乎在调查的所有国家，用户花在脸书（Facebook）、照片墙（Instagram）、推特（Twitter）和阅后即焚（Snapchat）这四个全球领先的大型社交应用上的时间都在减少（Similarweb，2016）。美国皮尤研究中心的一项调查报告显示，超过 61% 的调查对象表示曾经中断过脸书的使用，甚至近两成的人表示曾经卸载过脸书（Rainie et al.，2013）。这一现象同样存在于中国的社交网络行业中。中国互联网信息中心（CNNIC）对比了 2018 年中国三大社交网络应用的使用率，结果发现，这一年内，仅微博的使用率小幅度上升，QQ 空间的使用率和微信朋友圈的使用率均出现了不同程度的下降（见图 1.1）（CNNIC，2018）。引起这种现象的原因可能在于好友的大量消息、众多无关的信息和频繁的系统更新带来的厌倦感（Rainie et al.，2013）。腾讯研究院的一项调查显示，随着用户规模的不断扩大和使用程度的不断加深，微信中衍生了越来越多的黑暗面：大量冗杂信息带来的信息过载现象，庞杂的社交关系产生的社交压力感，保持时刻在线带来的学习和工作分心等（腾讯研究院，2016）。凯度发布的《2018 中国社交媒体影响报告》也显示了微信现在面临的用户体验下滑现象。虽然消费者认为社交媒体对自己带来了积极影响，但是，微信是唯一一个用户感到积极影响在下降的社交网络平台（见图 1.2）（凯度，2018）。

从以上数据可以看出，一方面，社交网络平台数量和用户规模还在不断扩张；另一方面，由于社交网络使用对用户带来了诸多负面体验，大型社交网络平台的使用率开始下降。因此，从业人员和企业如何不辜负用户的信任，

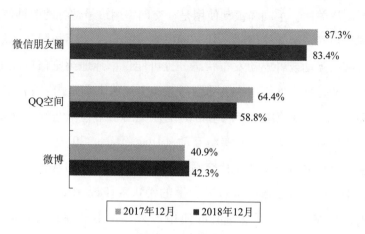

图 1.1 中国典型社交应用使用率

资料来源：第 43 次《中国互联网络发展状况统计报告》。

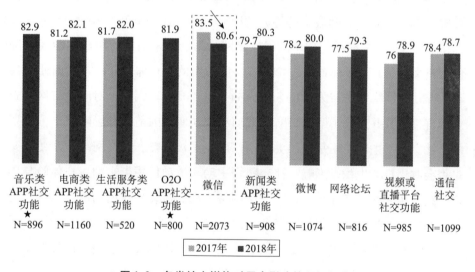

图 1.2 各类社交媒体对用户影响的积极程度

资料来源：凯度《2018 中国社交媒体影响报告》。

努力解决问题，以尽可能提升用户的数字化福祉，成为当今互联网行业的重中之重。社交网络平台需要从原来的野蛮式扩张转向主动承担更多社会责任，关注用户体验并实现科技向善。因此，社交网络用户的使用行为以及相关的用户体验成为社交网络企业重点关注的问题。

近年来，社交网络主动和被动使用带来的相反的用户情感体验引起了众多学者的广泛关注。主动和被动使用是社交网络用户最常见的两种使用方式。由于不同用户同一时间使用同一社交网络的方式可能大不相同，他们可能主动与他人聊天互动或者主动发布状态，也可能仅单纯地浏览信息。主动使用社交网络指的是社交网络用户主动参与互动交流或者创造内容的行为（Shaw et al.，2015）。被动使用社交网络指的是社交网络用户单纯浏览社交网络的内容和消费信息的行为，并不参与互动（Ding et al.，2017）。社交网络用户的主动使用行为通常可以视作社交网络平台发展和成功的基石，有助于提升社交网络平台的广告收入并促进平台上的销售（Chen et al.，2014）。但是，在社交网络环境下，并不是所有的使用行为都是主动性的（Zhu and Bao，2018），实际上，用户通常会花费更多的时间被动性浏览社交网络（Wise et al.，2010）。同时，主动使用社交网络有助于产生积极的用户情感和社会性体验（如感知更多的社会支持等）（Frison and Eggermont，2016；Verduyn et al.，2017）。与之相反，被动使用社交网络则会带来消极的用户体验（如降低用户幸福感）（Ding et al.，2017），而糟糕的用户体验和用户中断使用甚至放弃社交网络紧密相关（Ravindran et al.，2014）。因此，对于社交网络企业而言，区分并充分了解社交网络主动和被动使用的前因和影响是十分必要的。社交网络主动使用是否还会对用户产生消极影响？社交网络被动使用又是否会对用户产生积极影响？社交网络主动和被动使用带来的用户体验与用户持续使用之间又是什么关系？社交网络主动和被动使用的前因有哪些？是否存在差异？这些问题正是本书和后续研究都需要探索的重要问题。

值得注意的是，熟人社交是微信社交的重要特色（微信用户的好友基本都在真实生活中认识彼此），明显区别于其他社交网络平台。另外，"公众号"是微信特有的功能，微信公众号是一种服务账号，用户订阅之后可以每天接收文字或者有插图的文章信息（Xu et al.，2015）。以往研究仅将社交网络被动使用视为浏览 Newsfeeds（新闻源，脸书的一个功能板块）或者好友状态（Burke et al.，2011；Ding et al.，2017）。但是，Newsfeeds 的内容还包含用户关注的企业信息或者新闻消息，这些信息与好友状态混合出现在 Newsfeeds 中。微信用户浏览或者接收新闻消息或者企业通知仅可以用文章推送的方式通过一个单独的公众号/订阅号区域，并不与微信朋友圈的好友状态混合出现。以往研究仅将社交网络被动使用视作单一维度变量，缺乏对被动使用的进一步细分。考虑到微信特有的公众号功能，用户的被动浏览行为也可能包括浏览公众号中的文章。当增加了对社交网络被动使用的细分维度后，社交网络被动使用对用户带来的体验又有何不同？

针对以上问题，本书就社交网络主动和被动使用的影响因素和作用机制进行了研究。具体来说，本书研究了以下问题：第一，微信主动和被动使用包括哪些行为？微信被动使用的维度是否不同于其他社交网络？第二，基于对社交网络主动和被动使用的进一步细分，微信这一特殊社交网络环境中的主动和被动使用带来的积极和消极影响有何不同？第三，引起社交网络主动和被动使用的影响因素有哪些？各因素之间是否存在差异？通过回答上述问题，一方面可以丰富和完善社交网络使用的相关理论文献；另一方面也可以为社交网络运营商优化服务以改善用户体验提供理论依据和实践指导。

1.1.2　研究意义

随着社交网络的高速发展和用户的爆炸式增长，社交网络用户的使用行为成为学者们和从业人员持续关注的话题。考虑到社交网络用户使用方式的不同，主动和被动使用是两种最常见的使用方式。本书聚焦于社交网络用户的主动和被动使用行为，对于关注用户体验、优化平台服务和实现科技向善，具有重要的理论和实践意义。

本书的理论意义主要体现在以下方面。

第一，本书通过增加社交网络主动和被动使用行为的细分维度，更深入地分析了社交网络不同使用行为的影响。以往研究集中于主动使用的细分维度，忽视了对被动使用的进一步划分。考虑到不同的功能或特征可能带来使用方式的差异，本书以微信为研究对象，结合"脸书"的主动和被动使用量表，修订了微信主动和被动使用的量表，并增加了被动使用的细分维度，有助于更深入、更全面地了解微信用户的使用行为。前人研究主要集中于分析社交网络主动和被动使用的心理和社会性影响，缺乏探讨通过这些体验对后续行为变量（如持续使用意向）的影响。基于主动和被动使用的细分维度，本书进一步分析了社交网络主动和被动使用对用户心理因素、社会因素及后续行为意向造成的影响，为理解社交网络主动和被动使用的影响提供了新的理论框架。

第二，本书基于新的社交网络用户使用行为分类，并通过定量研究和质性研究相结合的方式，探索并分析了不同类别的使用行为背后的不同动机及作用过程。以往关于社交网络主动和被动使用动机的相关研究结论并不一致，且忽视了对主动和被动使用维度的细分。本书结合微信主动和被动使用的不同类型，通过定量研究，探索了不同使用行为背后的内在动机因素。在此基础上，本书还采用了深度访谈的质性研究方法，进一步深入分析了这些因素的作用过程，丰富了社交网络主动和被动使用影响因素的理论框架。

第三，本书以位置信息发布为例，探索了中国文化背景下社交网络用户主动非社交使用行为的影响因素。以往相关文献主要聚焦于西方情境，缺乏考虑文化因素在其中的影响。本书提出了一个具有中国文化特色的影响因素框架，包括个体因素（想要面子和怕丢面子）、社会因素（社会规范）、平台相关因素（对社交网络成员的信任和对社交网络平台的信任），有助于更深入地了解中国用户发布位置及相关信息的行为，丰富了社交网络用户使用行为影响因素的相关研究。

本书的实践意义主要体现在以下方面。

第一，为社交网络运营商优化服务以改善用户体验提供了参考依据。社交网络运营商需要注意主动和被动使用行为带来的不同用户体验。随着社交网络用户规模和使用程度的加深，不同使用行为带来的用户情感和社交环境体验不同。主动和被动使用是社交网络用户最常见的两种使用方式，社交网络运营商需要充分了解这些不同的主动和被动使用究竟会导致哪些正面和负面的用户体验，以及通过这些不同的体验，对用户后续使用行为会造成什么影响。本书研究结论有助于社交网络企业深入了解用户不同使用行为的积极和消极影响以及如何改善用户体验。

第二，为社交网络运营商深入了解促使用户不同使用行为的影响因素提供参考依据。社交网络运营商需要注意用户主动和被动使用行为背后的心理诉求。在了解了社交网络用户主动和被动使用带来的积极和消极影响后，社交网络企业还需要充分关注这些不同的使用行为背后的驱动因素究竟有哪些，尤其需要关注对用户体验和后续行为能产生积极影响的使用行为受到哪些因素的推动。本书研究结论有助于社交网络企业深入了解用户不同使用行为的动机以优化平台服务。

第三，为社交网络运营商了解中国用户位置信息表露的影响因素以优化移动广告提供了参考依据。社交网络平台运营商还需要注意影响用户发布位置信息的因素，社交网络用户发布的位置信息不仅可以视作一种自然的社交口碑行为，还有助于社交网络平台运营商根据用户发布的位置信息优化其移动广告等个性化推荐服务。本书研究结论有助于社交网络企业深入了解用户发布位置信息的影响因素并优化移动服务。

1.2 研究内容、技术路线和研究方法

1.2.1 研究内容

近年来，社交网络用户的使用行为一直是学者们和从业人员持续关注的话题。随着社交网络的高速发展和用户的爆炸式增长，聚焦于社交网络用户的不同使用行为及其影响，以关注用户体验并实现科技向善，是社交网络平台运营商如今面临的一个重要问题。本书从社交网络用户的主动和被动使用行为的角度出发，以社会认知理论、社会资本理论以及使用和满足理论等理论为基础，分别通过三个研究对这一问题进行探讨。

第一个研究重点在于探讨微信用户的主动和被动使用行为的差异化影响。以往研究认为，被动使用行为即被动浏览好友状态，本书提出，微信用户的被动使用行为还包括被动浏览公众号的文章和信息。为了验证这一假设，本书先确定和检验了微信用户的主动和被动使用行为的维度并修订了量表。根据以往的文献研究和"脸书"用户的主动和被动行为量表，结合微信"公众

号"功能的独特性,通过探索性因子分析和验证性因子分析,修订并检验了微信主动和被动使用行为量表,最终确定了四种使用行为方式,为后续分析微信用户主动和被动行为的作用以及影响因素奠定了基石。在此基础上,本书提出,由于微信用户的强关系特性以及被动使用行为不同分类,其作用结果可能不同于以往研究。为了验证这一假设,本书引入社会认知理论和社会资本理论,构建了微信用户主动和被动使用的作用模型,运用问卷调查的数据检验提出的理论模型。本书还结合全国代表性样本数据进一步检验了问卷数据的可靠性。本书研究结论为微信用户主动和被动使用的影响提供了初步见解,拓展了社交网络用户使用影响的相关研究。

第二个研究重点在于探索微信用户的主动和被动使用行为的差异化动机。以往关于社交网络主动和被动使用动机的相关研究结论并不一致,且忽视了对主动和被动使用维度的细分。为了深入探索这一问题,本书基于使用和满足理论,运用探索性因子分析的方法,确定了影响微信使用的动机。本书结合第一个研究中确定的微信主动和被动使用细分维度及量表,运用问卷调查的数据,检验了微信主动和被动使用的不同动机。在此基础上,本书还进行了深度访谈研究,进一步验证并深入分析了不同因素对微信主动和被动使用行为的作用过程。本书研究结论为微信用户主动和被动使用的动机及其作用过程提供了见解,拓展了社交网络用户使用影响因素的相关研究。

第三个研究重点在于结合中国特色文化,探索影响微信用户主动非社交使用行为的影响因素。考虑到微信用户在主动非社交使用频率普遍较低,而用户发布的位置信息可以帮助社交网络平台运营商优化其移动广告等移动服务。但是,目前关于位置签到影响因素的研究大多是在西方情境下进行,缺乏研究针对基于中国文化特色的影响因素的探讨。本书以发布位置及信息(位置表露)为例,引入社会认知理论和信息转移理论,并结合中国特色文化特征,构建了中国用户主动非社交使用行为的影响因素模型,然后运用问卷调查的数据检验提出的理论模型。本书研究结论为中国用户位置签到的影响因素提供了见解,拓展了社交网络主动非社交使用影响因素的相关研究。

1.2.2　技术路线

本书共有七章，具体内容如下。

第 1 章是绪论。主要内容为本书的研究主题、问题的提出以及研究意义和创新点等。同时主要介绍了本书的整体研究思路、理论框架、运用的研究方法以及章节结构。

第 2 章是相关理论及文献综述。本部分对相关理论和以往文献进行了回顾与评述。本书针对社会认知理论、社会资本理论以及使用和满足理论等理论进行了回顾，并对社交网络用户使用行为以及主动和被动使用行为的相关文献进行了综述，以此寻找本书的理论创新点。

第 3 章修订了微信主动和被动使用的量表并确定了细分维度。本部分将"脸书"的主动和被动使用量表与微信的具体情境相结合，通过探索性因子分析和验证性因子分析，确定微信用户的主动和被动使用行为的维度及测量量表。

第 4 章分析了社交网络主动和被动使用的影响。本部分基于社会认知理论，提出了微信用户主动和被动使用行为影响的研究模型，然后对模型和提出的假设进行实证检验，并讨论分析结果。本书还进行了补充性中介效应检验，并将问卷数据与全国代表性样本数据进行了分析和对比，进一步验证结果的可靠性。

第 5 章分析了主动和被动使用社交网络的影响因素。本部分基于使用和满足理论，通过探索性因子分析，提取并确定了微信使用的动机，然后通过问卷调查的实证数据，检验了微信主动和被动使用的不同动机。在此基础上，本书还进行了深度访谈研究，进一步分析了不同因素对微信主动和被动使用的作用过程，并讨论分析结果。

第 6 章分析了社交网络主动非社交使用行为的影响因素。基于社会认知理论和中国文化特征，以发布位置信息为例，提出并进一步实证检验了微信用户位置签到这一特殊主动非社交使用行为的影响因素，并讨论分析结果。

第 7 章是本书的研究结论与展望。结论部分主要根据理论模型和三个研究的结论对本书的研究问题进行整体性的总结。结论部分还对本书的理论价值与管理启示进行了讨论，同时提出了研究的局限性，展望了未来的可能研究方向。

本书具体技术路线如图 1.3 所示。

1.2.3　研究方法

本书的研究方法将理论与实证研究两种方法结合起来。理论研究主要包括相关理论和文献的梳理归纳，分析社交网络用户主动和被动使用行为的作用及影响因素，构建相应的研究模型等。实证研究主要通过问卷调查和深度访谈等方法获取社交网络用户的实证数据，对研究模型进行数据验证，得出研究结论。在进行数据实证分析的方法选取方面，考虑到微信的半封闭性、用户被动浏览行为数据的难监测性，再加上社交网络用户的心理活动很难采取客观的他评方法、需要通过自报告式方法获取数据。因此，本书采用了问卷调查和深度访谈相结合的混合研究方法来获取用户的心理和行为数据。本书具体采用的研究方法如下。

（1）文献研究法。本书针对社会认知理论、社会资本理论、使用和满足理论等理论进行了回顾，厘清了社交网络使用的相关概念，并对社交网络使用的影响因素和作用、社交网络主动和被动使用的影响因素和作用等相关文献进行了梳理。在整合前人文献的基础上，提出了本书的研究框架，并构建了具体的理论研究模型。

（2）问卷调查法。本书在文献研究的基础上，整理和设计本书涉及变量的维度以及测量量表，并根据专家的意见进行完善修改，形成初步的预试调查问卷，然后根据预调研结果，检验信度和效度，修正和优化量表的测量题项，从而形成最终用于正式调研的测量问卷。通过在线问卷的发放收集有效数据，并进行验证分析，以验证相关假设，进而解释微信用户主动和被动使用的影响因素及作用。

（3）深度访谈法。本书将深度访谈作为对定量研究的补充和深化，以更深入地理解社交网络用户主动和被动使用影响因素的作用过程。深度访谈法

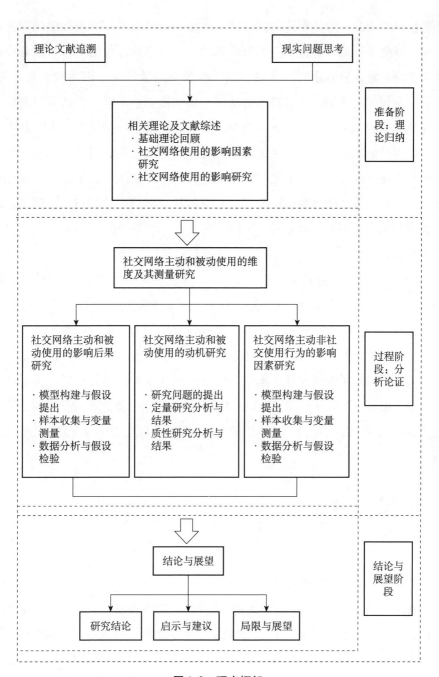

图 1.3 研究框架

是质性研究中的一种代表性研究方法，主要是通过与受访者更细致和深入的交谈，以更全面地了解特定行为形成的过程。本书从之前的调查被试者中抽取了访谈对象，分别进行了深度访谈，作为对定量研究结果的验证和补充，以进一步加深对微信用户主动和被动使用影响因素的了解。在访谈之前根据研究问题拟定初步的半结构化访谈提纲，在访谈过程之中随机应变，并不完全按照预设的提纲顺序，因具体情况而变化。访谈持续时间从半小时到两小时不等，在访谈之后，为了便于后续研究分析，将访谈时的录音及时转化为逐字稿，作为质性研究的原始资料。在分析社交网络主动和被动使用的影响因素部分，为了更有效地处理深度访谈的数据，本书借助 NVivo 12 软件，并结合扎根理论的三阶段编码过程，对访谈资料进行了内容分析。

（4）计量统计分析方法。在数据处理过程中，本书借助 SPSS 20.0、Smart PLS 3.2.3、Amos 17.0 等统计分析工具对数据进行统计分析（包括描述性统计分析、信效度检验、探索性和验证性因子分析、共同方法偏差和多重共线性检验等），并对研究提出的假设和模型进行检验。此外，为了检验本书问卷数据结果的可靠性，本书还结合全国代表性样本数据进行了对比检验。本书借助 SPSS 20.0 和 STATA 13.0 软件对两组数据进行计量分析，主要包括样本分析、回归分析（OLS 回归、WLS 回归和 OLS + 稳健标准误回归）等。

1.3 研究创新点

本书的研究创新点具体体现在以下方面。

首先，本书通过增加社交网络主动和被动使用的细分维度，拓展了不同使用行为对用户心理性因素、社会性因素以及持续使用意向的影响机制。以往研究集中于主动使用的分类，忽视了对被动使用的进一步划分。本书以微信为实证研究对象，结合脸书的主动和被动使用量表，先修订了微信主动和被动使用的量表并将微信的主动和被动使用行为分为主动社交使用、主动非社交使用、被动社交使用和被动非社交使用四种类型。此外，以往研究主要集中于分析社交网络主动和被动使用的心理和社会性影响，缺乏探讨通过这些体验对后续行为变量的影响。基于微信主动和被动使用的细分维度以及社会认知理论，本书深入分析了不同使用行为的心理和社会性影响，以及通过这些不同的体验如何影响用户的持续使用意向。不同于以往的研究结论，本书发现，微信用户的被动使用行为虽然有可能损害用户的心理健康，但是同样也会对用户的线上生活和社交关系带来积极影响；而主动使用行为同样也可能带来消极的用户体验（抑郁情绪）。这一结果进一步加深了对社交网络使用影响的理解。本书的研究结果不仅有助于了解不同类型的使用行为对用户产生的心理影响和社会影响，还有助于更深入地了解在何种情况下，不同类型的使用行为对用户持续使用意向如何产生不同的影响。本书为社交网络主动和被动使用对用户心理因素、社会因素及后续行为意向造成的影响提供了新的见解，进一步丰富了社交网络使用行为影响的研究框架。

其次，本书结合不同的行为类型，探索并深入分析了社交网络用户主动使用和被动行为背后的不同动机及其作用过程。以往关于社交网络主动和被动使用影响因素的研究忽视了对主动和被动使用子维度的细分。本书结合微信主动和被动使用的细分维度，通过定量研究和质性研究相结合的混合研究方法，深入分析了不同使用行为的动机及其作用过程。即使是同一个社交网络平台，如果用户使用的方式不同，推动其使用的内在动机也可能存在差异。社交网络用户的主动和被动使用行为会同时受到相同和不同动机的影响，不同动机对同一使用行为的影响程度有所不同；而同一动机因素对不同使用行为的影响路径也存在差异。此外，研究还发现了性别和年龄对微信主动和被动使用的不同影响，值得注意的是，两者均没有显著影响用户的主动非社交使用行为。本书研究结论进一步加深了对社交网络使用行为影响因素的理解。

最后，本书提出了促使中国社交网络用户主动非社交使用的、具有中国文化特色的影响因素。以往相关文献主要聚焦于西方情境，缺乏考虑文化因素在其中的影响。本书根据社会认知理论，以位置信息发布为例，提出了一个具有中国文化特色的影响因素框架，包括个体因素（想要面子和怕丢面子）、社会因素（社会规范）、平台相关因素（对社交网络成员的信任和对社交网络平台的信任），有助于更深入地了解中国社交网络用户的主动非社交使用行为。本书还进一步证实了社交网络环境下信任转移理论的存在，对社交网络中其他用户越信任的个体越可能信任该社交网络平台运营商。本书研究结论有助于丰富社交网络用户位置表露影响因素的研究框架，进一步扩展了社交网络使用行为影响因素的相关研究。

第2章

相关理论及文献综述

2.1 相关理论回顾

能够解释社交网络主动和被动使用的理论很多，与本书直接相关的理论主要有社会认知理论、社会资本理论、使用和满足理论等。

2.1.1 社会认知理论

美国心理学家阿尔伯特·班杜拉（Albert Bandura）于 1986 年提出了社会认知理论（social cognitive theory，SCT），出版了《思想和行动的社会基础：社会认知理论》（*Social foundations of thought and action：A social cognitive theory*）（Bandura，1986）。班杜拉认为，社会认知理论从三元互惠因果关系（triadic reciprocal causation）的角度解释了心理社会功能。根据这个相互决定机制，行为、认知和其他个人因素以及环境事件之间相互影响。

班杜拉社会认知理论是以其社会学习理论的发展为基础。作为现代新行为主义的核心代表人物之一，20 世纪 70 年代，班杜拉在米勒（N. Millar）和多拉德（J. Dollard）的基础上，首次提出了社会学习理论（social learning theory，SLT）（Bandura，1976）。在班杜拉社会学习理论的发展过程中，他尤其强调了认知因素在人类学习以及行为发展中的重要作用。由此,他提出了人、环境和行为之间的相互决定机制,创建了社会认知理论(Bandura,1986)。该理论认为,个体、环境与行为之间存在着三元互惠性关系(triadic reciprocity)(见图2.1)。具体而言,个体和行为之间的关系指的是个体的行为及其心理或认知之间的相互影响;环境与行为之间的关系指的是环境取决于个体的行为但是又影响个体行为;个体和环境之间的关系指的是个体的心理或认知与环境之间的交互影响(Mohamed and Ahmad,2012)。

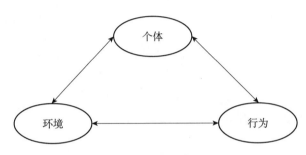

图 2.1　社会认知理论

社会认知理论展示了个体行为更加复杂的特性以及人类行为和社会认知过程之间更加复杂的交互关系(Yap and Gaur,2016)。从20世纪90年代起,社会认知理论得到了蓬勃发展。目前,该理论的相关研究已经广泛应用于大众传播(Bandura,2001)、组织管理(Wood and Bandura,1989)以及虚拟社区的知识分享(Chiu et al.,2006)等诸多领域,同时,该理论也提供了有用的框架用于解释社交网络中的用户行为和心理以及环境之间的关系(Ji and Jeong,2017)。社会认知理论在社交网络研究中得到了广泛验证,例如用于解释社交网络的使用行为(Yap and Gaur,2016)、持续使用意向(Wang et al.,2015)和中止使用意向(Wang et al.,2015)。鉴于社会认知理论强调环境和认知/心理因素与人类行为之间的关系(Yap and Gaur,2016),因此,该理论可以作为本书的理论框架,用于探索社交网络使用与社会环境因素和心理因素之间的关系。

2.1.2　社会资本理论

社会资本(social capital)的概念源于社会关系和社会资源学说。20世纪 70 年代，美国社会学家马克·格兰诺维特（Mark Granovetter）提出了弱连接理论（Bourdieu，1985）。格兰诺维特指出，在传统社会中，个体互动最频繁的社会关系为亲人、朋友、同学或同事等，这种社会关系十分稳定，且在某些方面具有同质性。但是，所带来的信息却很有限，这种社会关系称为"强连接"关系（strong ties）。除此以外，还存在着另外一类更为广泛的，但表面化的社会关系。这些社会关系具有更多的异质性，能够带来更多样化的信息，格兰诺维特将之称为"弱连接"（weak ties），他认为，弱关系在信息传播过程中起着非常重要的作用。在此基础上，林南提出了社会资源的概念，他将社会资源定义为"与个体有直接或者间接关系的人的财富、地位、权力以及社会关系"（Lin et al.，1981）。因此，社会资源的概念由两个部分构成：社会关系以及嵌入在这种关系中的资源。

法国社会学家皮埃尔·布迪厄（Pierre Bourdieu）首次对社会资本进行了系统化的定义。根据布迪厄对社会资本的定义，社会资本指的是"实际的或潜在的资源集合体，这些资源与拥有大家熟悉的、公认的、具有持久性的网络密不可分"（Bourdieu，1985）。

当代关于社会资本的研究始于布迪厄，经过科尔曼（Coleman）、贝克（Baker）、布尔特（Burt）和波特斯（Portes）等众多学者的不断发展，社会资本的概念得到了进一步的完善和拓展。美国社会学家詹姆斯·科尔曼（James S. Coleman）提出，社会资本作为一种行动的资源，是将社会结构引入理性行为范式的一种方式。根据社会资本的功能性，他认为，"社会资本并不是单个实体，而是多种多样的不同实体，它们包含两种共同的要素：一是它们均由社会结构的某些方面构成；二是它们促进了社会结构中参与者（无论是个体还是公司）的某些行为"（Coleman，1988）。随后诸多学者从不同的角度对社会资本进行了界定。例如，贝克（1990）将社会资本定义为"个体从特定的社会结构中获得的资源，然后将其用于追求利益"。布尔特（1992）认为，社会资本指的是通过朋友、同学、同事或者其他普通关系，个体可以有机会获得财务或人力资本。波特斯（1998）整理了以往关于社会资本的概念后，将社会资本定义为"个体通过加入社会关系网络或者其他社

17

会结构来获取利益的能力"。由此可见，社会资本是个体从社会关系网络的多种关系中可获取的多种资源，例如信息交换、情感支持以及经济支持等。因此，本书将社会资本界定为个体从人与人、人与社会之间的关系中获得不同的资源或利益。

学者们关于社会资本的分类有所不同，通过整理以往相关文献，主要有以下两种分类方式。

（1）结构资本、认知资本和关系资本。格兰诺维特（1992）认为，社会资本具有结构和关系的嵌入性。据此，纳比特和戈沙尔（Nahapiet and Ghoshal，1998）将社会资本划分为三种类型：结构资本（structural capital）、关系资本（relational capital）和认知资本（cognitive capital）。社会资本的结构维度指的是参与者之间关系的所有模式，包括和谁联系以及如何联系，关系的模式可以描述为密度、连接性和层次性。社会资本的关系维度指的是通过关系创造或者获取的资产，主要的特征因素包括信任、规范、约束、认同等。社会资本的认知维度指的是各方之间共享的价值观或看法等资源，主要体现为智力资本，包括共享的语言、准则、愿景等。之后也有不少文献基于此分类在不同领域中对社会资本理论进行了研究，例如移动支付（Vock et al.，2013）、虚拟社区（Chiu et al.，2006）、信息技术服务（Sun et al.，2012）以及社交网络（Zhou，2016）等。

（2）桥接型社会资本和粘接型社会资本。基于不同类型的社会关系中内嵌的资源差异性，普特南（Putnam，2000）把社会资本划分为桥接型社会资本（bridging social capital）和粘接型社会资本（bonding social capital）两种类型。桥接型社会资本通常指的是远距离的弱关系，一个网络中连接不同集群的关系，它有助于在整个网络中传播信息，并提供了获取新的和更多样化信息的途径。而粘接型社会资本指的是经过多次互动和有更高层次信任、支持和亲密的强关系，这种类型的关系通常提供了机会获得更多实质性的社会资本（如金钱支持、情感支持等）。在以往针对社交网络与社会资本的相关文献中，这种分类的应用更为常见（Heirman et al.，2016；Munzel et al.，2018；Yong et al.，2010）。这是因为互联网提供了更多的机会建立更多的弱关系，也可以视作桥接型社会资本形成的基础（Ellison et al.，2007）。此外，由于社交网络的社交互动特性，尤其在移动互联网时代，用户使用社交网络通常与建立和维持人际关系的目的密不可分。因此，社交网络同样有利于强关系的维持，即粘接型社会资本的累积。桥接型社会资本和粘接型社会资本的划分突出了社会资源的不同来源，而社交网络中包含的复杂社会关系更加强调了来源于不同关系的社会资本。因此，本书将采用这种分类方式，根据社会资本的关系来源不同，划分为桥接型社会资本和粘接型社会资本。

社会资本理论的相关研究已经广泛应用于组织管理（Adler and Kwon，2002）、政治关系（罗党论和唐清泉，2009）、社会学（张文宏，2003）、移动支付（Vock et al.，2013）、虚拟社区（Chiu et al.，2006）以及信息技术服务（Sun et al.，2012）等诸多领域。社会资本与许多积极的社会性影响有关，例如更多的就业福利、更好的公共健康、更低的犯罪率以及更有效的金融市场等（Adler and Kwon，2002；Granovetter，1973）。同时，社会资本理论也被广泛应用于社交网络环境下，通常用于解释人们使用社交网络与累积社会资本之间的关系（Burke et al.，2011；Ellison et al.，2007），社交网络可以作为累积社会资本的重要渠道。此外，由于不同的社交网络平台服务目的和用户构成不同，桥接型社会资本和粘接型社会资本的积累也不尽相同（Phua et al.，2017）。换而言之，用户使用不同社交网络对其社会资本累积的影响可能大不相同。因此，需要进一步分析在特定的社交网络平台中社会资本的形成和构成情况。

2.1.3 使用和满足理论

使用和满足理论（uses and gratifications theory，U&G 或 UGT）源于大众传播学。美国社会学家以利户·卡茨（Elihu Katz）被视为"使用和满足"理论的奠基人。卡茨于 1974 年在其著作《个人对大众传播的使用》（*Utilization of mass communication by the individual*）中首次提出了使用和满足理论，该理论并没有预设具体的构想，而是提供了一个法则框架。该理论假定用户是目标导向型，认为用户会主动选择特定的媒体以满足自己的社会和心理需求（Rubin，1986）。

早在20世纪40年代已经有学者开始探索通过满足受众的社会和心理需求吸引和留住受众（Cantril，1942）。20世纪60～90年代，卡茨一直在探索"使用和满足"的相关研究。他提出，人们使用媒体的目的是满足自己的需求，通常包括社会和心理因素。根据卡茨的研究，使用和满足理论有助于解释个体如何使用媒体满足其需求，理解用户使用媒体的动机（Rubin，1986）。使用和满足理论为解释个体为什么会选择某一特定技术或媒体提供了较为全面的理论框架。

使用和满足理论最早在传统媒体中得到广泛应用，例如报纸（Elliott and Rosenberg，1987）、电视（Rubin，1981）等。随着互联网的发展，开始有学者基于使用和满足理论框架分析个体使用互联网的动机。例如，分析大学生使用互联网的动机并总结为八个不同的因素：研究和学习、轻松获得娱乐性、交流和社交互动、当无聊的时候做些什么、获取难以获得的材料、产品信息和技术支持、游戏网站以及消费者交易（Ebersole，2010）。伴随着Web 2.0技术的出现和不断发展，越来越多的学者将该理论应用到社交网络领域。以往研究基于使用和满足理论探讨了许多社交网络平台的使用动机，例如脸书（Su and Chan，2017）、推特（Liu et al.，2010）、视频分享网站（YouTube）（Chiang and Hsiao，2015）、即时通信（Quanhaase and Young，2010）、照片墙（instagram）（Sheldon et al.，2017）、微信（郑君君等，2017）等。鉴于使用和满足理论有助于理解用户使用特定社交网络平台背后的心理和社会需求动机，因此，本书认为，该理论可以作为本书的理论基础，以更好地理解社交网络用户主动和被动使用行为的动机因素。

2.2　社交网络使用的相关概念

遵循由宽泛到具体的逻辑顺序，本书分别梳理了社交网络、社交网络使用、社交网络主动和被动使用的概念。

2.2.1　社交网络

博伊德和埃里森（Boyd and Ellison，2007）首次对社交网站进行了定义，并且被后续研究广泛使用。博伊德和埃里森（2007）把"社交网站（social networking sites，SNS）定义为一种网络服务，允许用户在一个有限制的系统内构建一个公开的或者半公开的个人账户；通过共享连接确定联系人列表；查看和浏览他们列表里的联系人以及系统里其他人的联系人列表"。社交网站是以用户导向的网站，其网站的运作皆围绕着用户及用户的兴趣而展开（Smith et al.，2012）。基于此，本书中，社交网络指的是网络化的交流平台，用户可以在此创建账户和内容、建立连接、通过视频或者音频方式与其连接对象进行互动、交换用户生成内容等（Erfani and Abedin，2018）。

最早的社交网站出现于 20 世纪 90 年代后期（如 SixDegrees、LiveJournal、AsianAvenue 等）。不过，社交网络的真正发展源于 2003 年 MySpace 和 2004年脸书的出现（Heidemann et al.，2012）。随着社交网络的不断发展，出现了多种多样的社交网络平台。其中，由于脸书是全世界最普遍且用户量最大的社交网络平台，得到了绝大多数学者的重点关注。而随着社交网络服务数量和种类的日益增加，越来越多的学者关注到微信（甘春梅，2017）等更多样化的社交网络平台。

中国互联网络信息中心发布的《2016 年中国社交应用用户行为研究报告》指出，社交网络应用指的是含有社交功能的互联网应用，包括即时通信应用、综合性社交应用以及垂直细分社交应用三大类。其中，即时通信应用使用最频繁，以微信和 QQ 为代表，其社交功能满足了用户互动和交流的需求。综合性社交应用的使用频率居中，以微信朋友圈、QQ 空间和新浪微博等为代表，其社交功能满足了用户进一步展现自我和社交扩展的需求。垂直细分社交应用的使用频率居末位，指的是在特定领域为用户提供社交关系链的平台，主要涵盖了职场社交、婚恋社交和社区社交等种类（CNNIC，2016）。因此，从广义上来说，微信也属于一种典型的社交网络。

微信是腾讯公司于 2011 年推出的一款移动社交应用，提供了多样化的社交网络服务，便于用户即时与好友保持通信、随时随地发布状态记录生活等。微信不仅允许用户通过发送文字、语音、图片及视频等内容进行聊天互动，同时允许用户在"朋友圈"中以文字、图片和视频等形式发布状态。自 2011 年初问世至今，微信从最初的社交通信工具，通过增加朋友圈、公众号等诸多功能，逐步成为综合性社交网络平台。微信功能和版本的演变大概分为三个阶段（见图 2.2）。第一阶段（微信 1.0 ~ 2.0）：微信主要是作为免费的即时通信工具。这一阶段微信完善了多样化的即时通信功能，诸如发送语音和视频、支持群聊、增加聊天表情等。第二阶段（微信 3.0 ~ 4.0）：微信开始转变为多维度的社交通信工具。这一阶段微信通过匹配手机通讯录、支持"附近的人""漂流瓶""摇一摇"等功能，在熟人社交的基础上，开始延伸加入陌生人群体，以拓展微信的"弱关系"社会网络。而微信 4.0 版本新增的"朋友圈"功能更是拓展了微信的社交网络功能，允许用户发布文字、图片、当前地理位置等内容。第三阶段（微信 5.0 ~ 7.0）：微信逐渐转变为集社交、通信、信息、生活、商业等诸多服务的综合社交网络平台。随着"微信支付""公众号""微信红包""小程序""时刻视频""看一看"等诸多功能的推出，微信逐渐成为一个连接人与人、人与服务、人与商业的综合化社交网络平台。

图 2.2　微信版本演变

2.2.2　社交网络使用

社交网络使用（social networking site use，SNS Use）的概念较为宽泛。

虽然目前关于社交网络使用的文献众多，但是依然难以定义和测量（Gerson et al.，2017）。在相关研究中，社交网络使用主要泛指用户登录社交网络平台并且使用平台上的功能或者服务，涵盖了诸如建立社交网络账户、发现和添加联系人、互动聊天、浏览好友资料和状态等诸多功能和服务（Heidemann et al.，2012；丁倩，2017）。

大多数研究将"社交网络使用"视为一般性的总体使用概念，测量方式主要包括使用频率（Morin - Major et al.，2016）、时间花费（Muench et al.，2015）以及使用强度（Zhan et al.，2016）等。其中，也有学者通过登录次数或者发布状态/状态更新频率的实际数据，代表使用频率（Frost and Rickwood，2017；Li et al.，2017；Quanhaase and Young，2010）。使用强度不仅包含了用户的使用频率、使用时间或者好友数量，而且还涵盖了用户对社交网络的态度倾向（Su and Chan，2017）。

近年来，遵循着由宽泛到具体的逻辑，社交网络使用的概念从一般性的社交网络使用延伸到社交网络不同方式的使用以及具体的社交网络使用行为（丁倩，2017）。崔和金（Choi and Kim，2016）认为，社交网络使用模式包括使用的频繁性（即使用频率）和使用的多样性（即使用功能的多样性）。此外，社交网络使用还可以分为定量使用（使用频率和好友数量）和定性使用（对社交网络的情感依恋）两种类型（Yoon，2014）。以往相关研究中，最常见的两种社交网络使用模式指的是主动使用（active use）和被动使用（passive use）社交网络（Chen et al.，2014）。针对具体的社交网络使用行为的研究众多，涵盖了自我表露、发布状态、点赞、评论、浏览等众多行为（Chen and Lee，2013；Deters and Mehl，2013；Lin and Utz，2015）。

2.2.3　社交网络主动和被动使用

随着社交网络的不断发展和功能的不断增加，学者们开始更多地关注社交网络的主动和被动使用。主动和被动行为的划分最早来源于哲学科学中，这一分类的基础依据是行为所涉及能量的变化（Rosenblueth et al.，1943）。具体而言，主动行为的主体是特定情境下输出能量的来源；被动行为则相反，被动行为的主体并不是能量的来源，而是能量的输入方。因此，在互联网使用的相关研究中，学者们将互联网使用分为两种方式：主动参与行为（主动搜索或者与他人互动）以及被动浏览行为（Shaw and Gant，2002）。在互联网媒体中，对主动和被动的受众的定义和区分取决于他们是否对媒体的结构和内容做出了反应（Pagani and Mirabello，2011）。例如，互联网媒体的被动使用通常指的是用户观看视频或者节目，或者阅读其他人发布的内容等；与之相对，主动使用通常指的是用户主动分享观看体验等。可见，主动使用指的是主动创造价值的行为（可能是互动性价值，也可能是内容性价值），而被动使用则是消费其他主体创造价值的行为（如来自媒体平台创造的内容，或者来自其他个体创造的内容）。

沿袭早期互联网使用的分类，主动使用和被动使用也是社交网络使用中最常见的两种使用模式（Chen et al.，2014）。与互联网类似，社交网络主动使用（active SNS Use）指的是社交网络用户主动创造内容或与他人互动的行为模式；具体的行为包括诸如发布状态和照片、分享信息、在线认识新的人以及与他们聊天、参与群组、讨论爱好和个人兴趣等（Chen et al.，2014）。社交网络被动使用（passive SNS use）指的是社交网络用户仅浏览和消费信息的行为模式，例如浏览好友状态或个人主页（Ding et al.，2017）。由于个体为社会结构贡献资源会产生成本，因此，当社交网络用户选择主动参与交流时，代表着他们已经明确决定了自己要去贡献时间、精力、注意力、知识和关系等资源和成本（Butler，2001）。社交网络中用户的主动使用行为有助于为平台贡献内容和关系资源，而被动使用并不会（Chen et al.，2014）。

基于社交网络的互动特性，不少学者还对脸书用户的主动使用行为进行了更细的划分，例如，主动使用（内容创造、互动传播）和被动浏览（Shaw et al.，2015）。纽鲍姆和克莱默（Neubaum and Krämer，2015）根据社交网络活动的不同水平将社交网络使用分为三类：消费（consumption）、参与（participation）和创造（production）。其中，参与和创造均属于主动使用行为，而消费则属于被动使用行为。也有学者根据社交网络中互动对象的不同将脸书用户使用模式分为主动使用［如一对一沟通（one－to－one communication）、广播（broadcasting）] 和被动使用（Burke et al.，2011），或是主动使用［主动公开使用（active public use）、主动私密使用（active private use）] 和被动使用（frison and eggermont，2016）。格尔松（Gerson，2017）等编制了脸书主动和被动使用量表，并确定了主动社交、主动非社交和被动使用三种脸书使用模式。以往研究关于社交网络使用模式的分类更侧重于主动使用行为（见表 2.1），缺乏对被动使用行为的进一步细分。

表 2.1　　　　　　　　　社交网络主动和被动使用的分类

作者	社交网络主动和被动使用的分类
陈等（2014）	主动使用、被动使用
伯克等（2011）	主动使用（一对一沟通、广播）、被动使用
纽鲍姆和克鲁默（2015）	主动使用（参与、创造）、被动消费
肖等（2015）	主动使用（内容创造，互动传播）、被动浏览
弗里森和艾格蒙特（2016）	主动使用（主动公开使用、主动私密使用）、被动使用
格尔森等（2017）	主动使用（主动社交、主动非社交）、被动使用

资料来源：笔者自行编制。

2.3　社交网络使用的影响因素

关于社交网络使用影响因素的研究，遵循由宽泛到具体的逻辑，本书分别从一般性社交网络使用的影响因素以及社交网络主动和被动使用的影响因素两个方面进行了梳理。

2.3.1　一般性社交网络使用的影响因素

目前关于一般性社交网络使用的影响因素的研究众多。学者们主要探讨了来自用户自身的人口统计学因素、人格因素、认知性因素、情感性因素、态度性因素、动机性因素等，以及来自用户所处社会环境的社会性因素等。

人口统计学因素主要研究的是性别差异（Pornsakulvanich and Dumrongsi-ri，2013；Wang et al.，2012）。人格因素的研究主要包括大五人格、自尊、自恋、利他主义、自我效能、创新性等（Kwon and Wen，2010；Park et al.，2015；Pornsakulvanich，2017；Wang et al.，2012）。认知性因素的研究主要包括感知行为控制、感知有用性、感知易用性、隐私关注等（Baker and White，2010；Choi and Chung，2013；Guo et al.，2010）。情感性因素的研究主要包括感知愉悦性、感知娱乐性等（Mull and Lee，2014；Pornsakulvanich，2017；Xu et al.，2012）。态度性因素的研究主要包括使用态度和满意度（Baker and White，2010；Pornsakulvanich，2017）。动机性因素的研究主要包括自我表达/自我呈现/自我寻求，社会化/建立新关系/保持联系，获取信息/分享信息/寻求帮助，无聊/打发时间等（Huang et al.，2014；Karapanos et al.，2016；Ku et al.，2013）。社会性因素的研究主要包括社会规范、社会认同、社会临场感、信任（体现用户与用户以及用户与平台之间的关系）、文化差异等（Choi and Chung，2013；Guo et al.，2010；Jackson and Wang，2013；Oliveira et al.，2016；Xu et al.，2012）。

例如，横截面和纵向研究均显示，态度、感知行为控制和群体规范均积极影响社交网络用户的使用意向以及使用行为（Baker and White，2010）。个性和自尊也显著积极影响社交网络用户的使用行为。具体而言，外向性更高和责任心更低的个体可能有更高程度的 SNS 使用行为（Wilson et al.，2010）。文化差异也是影响社交网络使用的重要因素。以美国和中国的社交网络用户为例，美国用户花费更多时间在 SNS 上，认为 SNS 对他们来说更重要且有更多的 SNS 好友（Jackson and Wang，2013）。韩国和美国用户的对比研究发现，创新和隐私关注更高的美国用户的社交网络使用强度更高（Park et al.，2015）。此外，性别差异也是影响社交网络用户使用行为的关键要素。与男性用户相比，女性用户可能会花费更多时间使用 YouTube、Twitter 和 Hi5，且女性用户趋向于使用社交网络以达到维持人际关系的目的（Pornsakulvanich and Dumrongsiri，2013；Wang et al.，2012）。

社交网络用户使用行为影响因素研究的理论基础主要有使用和满足理论（Oliveira et al.，2016）、技术接受模型（TAM）（Choi and Chung，2013）、个性/大五人格理论（Pornsakulvanich，2017）、动机理论（Kim et al.，2013）、社会临场感理论（Oliveira et al.，2016）、理性行为理论（TRA）（Pornsakul-vanich，2017）、计划行为理论（TPB）（Baker and White，2010）等。其中，使用和满足理论在社交网络用户的使用动机研究中应用最为广泛（Karapanos et al.，2016；Quanhaase and Young，2010；Sheldon et al.，2017）。由于该理论提供了较为全面的框架解释，用户希望通过使用社交媒体以获得的需求满足和使用动机。早期研究中更多地将社交媒体视为一种技术创新，许多学者使用 TRA、TPB、和 TAM 等信息系统领域的经典理论解释用户使用的前因。随着越来越多的学者将关注点转移到社交媒体的特性上，尤其是其社交特性，使用和满足理论成为现在分析社交网络用户使用动机的主要理论框架。

借鉴使用和满足理论的法则框架，可以很好地解释不同社交网络使用背后的差异化动机。通过多次调查和访谈，研究发现，脸书用户的满足动机可以分成六个维度：消遣、情感、时尚、分享问题、社会性、社会信息（Quanhaase and Young，2010）。人们使用 YouTube 通常受到互动性、预期互惠利益、声望、利他主义、自我表达的影响（Chiang and Hsiao，2015）。Pinterest 的使用通常可以满足用户时尚、创意、娱乐、探索以及组织的心理需求（Mull and Lee，2014）。

用户使用社交媒体还可以获得多样化的需求满足，例如过程满足、内容满足（Liu et al.，2010）、社交满足、享乐满足和实用满足（Gan，2017）。大量研究已经证实，不同类型的满足显著影响社交网络环境下的用户行为。刘等（Liu et al.，2010）研究发现，内容满足（自我记录、信息分享）、社交满足（社交互动）、技术满足（媒体吸引力、便利性）和过程满足（娱乐、消遣、自我表达）会显著影响 Twitter 用户继续发博的意愿。尚等（Shang et al.，2017）指出，内容满足（实用和享乐）、社交满足（关系强度、同质性、信任、规范和信息—人际影响）和自我呈现满足通过可以引起消费者在社交网络中的共鸣，进而推动他们在社交网络中的购买行为。

由于使用和满足理论仅提供了一个法则框架，解释了个体用户为什么会使用某一特定的媒体。因而用户使用不同社交媒体的差异动机，也是近年来学者们不断关注的一个重要话题。例如，对比使用脸书和即时通信动机可以发现，人们使用脸书的主要原因在于脸书很有趣，而且可以通过脸书了解一个人社交网络中发生的社会活动；而使用即时通信则更趋向于达到关系维持和发展的目的（Quanhaase and Young，2010）。一项关于脸书和 WhatsApp 用户的对比研究显示，WhatsApp 为用户进行更亲密的社交互动提供了机会；而使用脸书更多地为了表达自我、与弱关系互动以及记录生活（Karapanos et al.，2016）。关于 Twitter 和 Instagram 用户的对比研究显示，Twitter 用户更倾向于将 Twitter 视为一个大型社区，在此可以达到尝试新事物、与新人建立联系的目的；而 Instagram 用户则更倾向于与他们已经认识的人互动（Phua et al.，2017）。除此以外，文化差异也是学者们进行对比研究的一个重要考量因素，来自不同文化或国家的用户使用同一社交网络平台的动机同样存在差异。以美国和克罗地亚的 Instagram 用户为例，克罗地亚的用户使用 Instagram 反映了其集体主义文化，主要为了社交互动；而美国用户使用 Instagram 反映了个人主义文化，主要为了自我提升和记录生活（Sheldon et al.，2017）。

虽然已有少量研究基于使用和满足理论探索了微信用户使用背后的心理需求，但以往研究更侧重于对比微信和微博用户不同的使用动机：信息满足是个体使用微博的最显著动机，而情感满足是个体使用微信的最重要动机（Gan and Wang，2015；Gan，2018）。基于使用和满足理论解释微信用户持续使用意向的研究发现，技术满足（媒体吸引力）是影响用户持续使用微信最重要的动机，然后是享乐满足（感知享受）和实用满足（信息分享）（Gan and Li，2018）。鉴于人们参与社交网络的方式不同，可能会选择主动发帖或聊天，也可能仅浏览和消费信息，尚未有研究探索微信用户不同使用行为背后的差异化动机。

2.3.2　社交网络主动和被动使用的影响因素

目前关于社交网络主动和被动使用影响因素的研究较少，而关于社交网络主动和被动使用是否受到不同因素的影响，学者们的研究结果并不一致。有的学者研究发现，社交网络主动和被动使用的影响因素不同。例如，情感承诺和持续承诺是影响社交网络用户主动使用行为的关键因素（Chen et al.，

2014）。用户选择被动使用社交网络则受到印象管理关注和隐私关注的直接作用，其中，社交网络倦怠也可能中介了印象管理关注和隐私关注对社交网络被动使用的影响。也就是说，印象管理关注和隐私关注程度较高的用户更可能产生倦怠感，并因而选择被动使用社交网络（Zhu and Bao, 2018）。帕加尼（Pagani, 2011）等从人格因素的角度检验了主动和被动使用社交网络的影响因素，研究发现，自我认同表达意识和社会认同表达意识仅积极影响社交网络用户的主动使用行为，并没有显著影响被动使用行为。也有相关研究发现，用户主动和被动使用社交网站的影响因素并没有什么不同，两者均受到个人参与动机（包括内在享受、实用性等）和社交互动动机（包括参与和社会化、社区感等）的影响（Pagani and Mirabello, 2011）。

关于具体的社交网络主动使用行为的研究主要从人口统计学因素（性别差异等）、使用目标因素（社交目标差异等）、人格因素（大五人格、自尊等）、动机性因素（名气、人际、娱乐、信息需求等）等方面进行了分析。人格变量显著影响社交网络用户的主动使用行为，外向性的用户更可能使用社交网络进行评论；神经质的用户更可能主动更新状态；高自尊的个体更可能在他人账户下评论；自恋程度更高的用户更可能频繁地发布照片或更新状态；高宜人性的个体可能对他人账户做出更多评论（Wang et al., 2012）。由于个体的社交目标差异，出于归属目的的社交目标通常会导致响应性的社会导向，具体的脸书活动体现为回应他人（如评论或点赞）；而出于名气目的的社交目标通常会导致自我表露的社会导向，具体的脸书活动体现为揭露自我（即发布状态）（Chang, 2015）。此外，性别也显著影响社交网络用户的主动使用行为，与男性用户相比，女性用户更可能在社交网络中上传自拍和更新状态（Wang et al., 2012）。关于社交网络用户点赞行为背后的心理动机研究发现，影响用户点赞的动机主要有娱乐、享受、打发时间、社会支持和信息寻求等（甘春梅, 2017；Gan, 2017）。

综合以上研究可以发现，关于社交网络主动和被动使用是否由不同的因素影响，结论并不一致，而影响社交网络不同功能使用和特定行为的动机性因素又的确存在一定差异。此外，以往研究更多地将主动和被动使用视为一维变量，忽视了其二级维度的划分。因此，未来需要结合不同的细分维度进一步分析和验证，社交网络用户主动和被动使用是否受到不同因素的影响，以及受到哪些相同和不同因素的影响。

2.4　社交网络使用的影响

关于社交网络使用影响的研究，本书分别从一般性社交网络使用的影响以及社交网络主动和被动使用的影响两个方面进行了梳理。

2.4.1　一般性社交网络使用的影响

早期关于互联网使用研究更关注于负面后果，认为互联网的使用会对用户的线下社交生活和社交融合起到消极影响。例如，互联网的使用会促使人们与陌生人建立浅层的、流于表面的在线关系，而这一关系对线下真实生活中的社会关系是不利的（Nie，2001）。这可能是因为和陌生人在一起相处时花费的时间是以人们已有的社会关系为代价的，会降低人们的感知社会连接感知和幸福感（Kraut et al.，1998）。这可能会导致后来关于以技术为媒介的媒体影响研究更侧重于其负面影响的探索（Clark et al.，2017）。近年来，随着 Web 2.0 技术的不断发展以及社交网络平台的广泛普及，个体参与在线社交活动的形式越来越多样化，社交网站改善了传统互联网使用的社交形式，因而社交网站的使用带来的影响也需要更多地探索和研究。学者们对社交网络使用行为的影响研究主要关注于社交网络使用带来的心理影响和社会性影响（Zhang and Leung，2015）。心理影响指的是对社交网络用户的心理、认知和情感体验的影响，主要包括幸福感、孤独感、抑郁、生活满意度、自尊、正面/负面情感等方面（Hu et al.，2017；Kross et al.，2013；Lin et al.，2017；Niu et al.，2018；Valkenburg et al.，2017）。社会性或关系影响指的是对社交网络用户所处社交环境及其社会关系的影响，主要包括社会资本、社交利益、社交超载等方面（Guo et al.，2014；Lup et al.，2015；Zhan et al.，

2016），如图 2.3 所示。

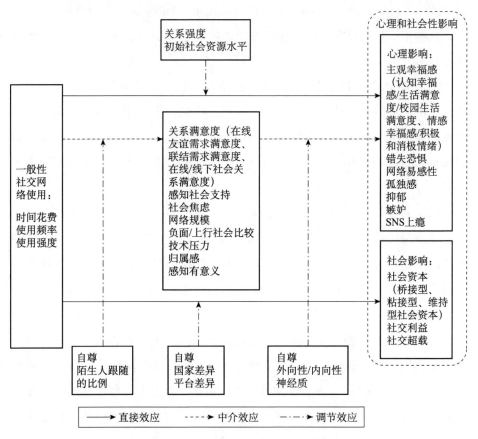

图 2.3　一般性社交网络使用的影响

2.4.1.1　一般性社交网络使用的心理影响

目前关于一般性社交网络使用心理影响的研究结论存在着争议。有的学者认为，社交网络使用可以带来许多积极的心理影响，例如增加感知情感支持（Akbulut and Günüç，2012）、减少隔离感（Asante and Nyarko，2014）、增加幸福感（Asbury and Hall，2013）等。还有学者认为，社交网络的使用对用户的心理健康带来诸多消极影响，例如产生社会隔离感（Al‐Dubai et al.，2013）、带来更大的心理压力（Chen and Lee，2013）、加重对生活的不满（Chou and Edge，2012）、亲密关系的恶化以及加重对身体形象的不满（Frost and Rickwood，2017）、增加负面情绪（Kross et al.，2013）、自尊水平降低（Kalpidou et al.，2011）、抑郁和焦虑症状加重（Labrague，2014）等。

这种不一致的研究结论不仅存在于总体的心理影响，还存在于具体的心理变量研究中。

（1）社交网络使用对焦虑影响的结论不一致。格里夫等（Grieve et al.，2013）的研究发现，脸书使用可以减少焦虑症状，但是在脸书花费太多时间会加剧大学生的焦虑感（Labrague，2014）。而法夸尔（Farquhar）和戴维森（Davidson，2014）研究发现，焦虑和社交网络使用之间并没有显著的相关关系。

（2）社交网络使用对孤独感影响的结论不一致。研究发现，人们在脸书上花费的时间越长，越可能减轻其孤独感，这是由于受到了增加连接需求满意度的中介影响（Lin，2016）。以与其他人连接为目的的个体在使用社交网络后有助于减轻孤独感，而出于补偿心理而使用社交网络通常会增加用户的孤独感（Teppers et al.，2014）。

（3）社交网络使用对抑郁影响的结论不一致。一些学者认为，使用脸书可以帮助用户感知更多的社会支持和社会连接感，从而降低他们的抑郁症状（Grieve et al.，2013）。另一些学者认为，如果在脸书上花费太多时间也可能会加剧抑郁症状（Labrague，2014）。还有研究发现，脸书使用和抑郁之间并没有显著相关关系（Banjanin et al.，2015）。托莱多等（Tandoc et al.，2015）对此解释为，只有当用户产生嫉妒时，脸书使用才会增加抑郁，其他情况下脸书的使用会减轻抑郁症状。

（4）社交网络使用对用户幸福感影响的结论不一致。埃尔法尼（Erfani）和阿贝丁（Abedin，2018）认为，关于心理幸福感/主观幸福感的定义可以分为三个角度：享乐视角、幸福视角和评估幸福感视角（生活满意度）。享乐视角下的心理幸福感指的是对快乐、积极情感和较低的负面情感的主观感受；幸福视角强调了积极的心理功能在个人和社会生活中发挥最佳效果；幸福感的评估指的是人们如何评估和判断他们的生活，对于整个生活是否满意。诸多研究发现，社交网络使用与用户幸福感之间存在积极关系，并探索了其中发挥作用的潜在中介因素：感知在线社会支持（Oh et al.，2014）、社会资本（Guo et al.，2014）、社会自尊（Apaolaza et al.，2013）、真实自我呈现（Reinecke and Trepte，2014）、社会连接感（Grieve et al.，2013）、连接需求满意度（Lin，2016）等。相反地，许多研究也验证了社交网络使用和用户幸福感之间的消极关系。用户在脸书上花费的时间越长，越可能认为其他用户比自己过得更开心，会较少认同生活是公平的（Chou and Edge，2012）。有更多不认识的人作为脸书好友的用户通常会认为其他人有更好的生活。这是由于相应偏见的存在，脸书用户趋于将脸书上呈现的积极状态或内容归因于发帖者的人格，而非情境因素（相应偏见）；这一偏见对于那些不认识的人尤其明显（Chou and Edge，2012）。社交网络用户的网络规模、时间花费甚至过度使用都可能导致用户生活满意度和幸福感的降低（Erfani and Abedin，2018）。这可能是由于人们花费大量时间在社交网络上，忽视了其他日常活动，造成了线下生活和社交网络生活的失衡，因而带来了幸福感的降低（Kross et al.，2013）。这一结论不仅在许多横向研究中得到证实，同样也得到了纵向研究的佐证：随着时间的推移，人们使用脸书越多，越可能产生负面情绪，并且带来生活满意度的下降（Kross et al.，2013）。克拉克等（Clark et al.，2017）通过定性研究，提出了一个人际—连接—行为框架，并对社交网络使用与幸福感之间的矛盾性结果进行了解释。根据人际—连接—行为框架，当个体参与社交网络无法满足其接纳和归属需求时，社交网络使用会对其幸福感带来消极影响；相反地，如果社交网络的使用可以满足其接纳和归属需求时，则会对其幸福感带来积极影响。其中，负面后果的产生可以归因于社会孤立和社会比较的影响，而积极的影响可以归因于关系亲密度的作用。

2.4.1.2　一般性社交网络使用的社会性影响

社交网络用户的使用行为不仅影响着用户的心理，同时也带来了一些积极和消极的社会影响，例如社交利益、社交超载、社会支持、社会资本等（Ellison et al.，2007；Zhan et al.，2016）。

鉴于社交网络的核心特性是社交，社会支持是人际交往的基础。社会支持可以定义为一个人对其社交圈的应对或援助的感知或接受（Meng et al.，2017）。研究发现，人们将社交网络平台作为获得多种社会支持的重要渠道。花费时间越多，拥有越多的社交网络好友或者使用社交网络的功能越多，有助于增加个体感知和真实接收的社会支持、减少压力和增加身体和心理幸福感（Meng et al.，2017）。相关的实验研究也表明，脸书使用会带来社会连接感和感知社会支持的增加（Clark et al.，2017；Deters and Mehl，2013；Ellison et al.，2007）。

目前关于社交网络用户使用行为的社会影响研究重点聚焦于社交网络使用对社会资本累积的影响。社交网络的使用有助于增加社会资本，在横向研究和纵向研究中均得到广泛探索和证实（Burke et al.，2011；Ellison et al.，2007；Ellison et al.，2014）。辛菲等（Steinfield et al.，2008）通过为期一年的纵向研究发现，用户使用脸书的强度越大，其桥接型社会资本的累积越多。也有学者认为，单纯的社交网络使用频率的增加并不会影响桥接型和粘接型社会资本，只有使用的多样性（即使用多种的社交网络功能）才会带来两种类型社会资本的增加（Choi and Kim，2016）。对于大学生而言，使用社交网络不仅会增加桥接型社会资本和粘接型社会资本，而且有助于形成一种新的社会资本的类型——维持型社会资本，即个体与以前所处社区成员保持联系的能力（Ellison et al.，2007）。

社交媒体的使用与桥接型和粘接型社会资本之间不仅存在着直接的积极关系，同时还受到网络异质性的部分中介作用。由于大学生使用社交媒体可能会增加他们与更多样化的以及更差异化的校友之间的互动，这将有助于增加他们的桥接型社会资本和粘接型社会资本（Kim B and Kim Y，2017）。

除此以外，社交网络使用的社会性影响也受到一些调节因素的影响，例如自尊、生活满意度、文化差异、平台差异等（Ellison et al.，2007；Lee et al.，2016；Phua et al.，2017）。对于低自尊或者低生活满意度的个体而言，使用社交网络更有助于其社会利益的增加（Ellison et al.，2007）。文化差异也影响着社交网络使用与社会资本累积之间的关系。对于不同国家的用户而言，使用社交网络带来的社会资本的类型存在差异。例如，对于澳大利亚的青少年来说，参与社交网络活动更可能会增加粘接型社会资本；而韩国青少年刚好相反，参与社交网络活动更可能会增加桥接型社会资本（Lee et al.，2016）。社交网络使用对社会关系的影响还可能因为社交网络平台的不同而存在差异。过度使用脸书并不利于用户发展和维持长期社会关系，而 Twitter 的使用并没有发现这一现象（Petersen and Johnston，2015）。这说明，一般的社交网络使用或者单一的社交网络平台使用的研究结果可能无法推广到所有类型的社交网络平台（Frost and Rickwood，2017）。这一结论在另一项研究中也得到了证实。袁（Yuan）和富塞尔（Fussell，2017）对比了中国和韩国留学生使用脸书和（中国/韩国）本土化的社交网络（人人/Cyworld），结果发现，使用脸书可能会增加他们的桥接型社会资本，而使用本土化社交网络（人人/Cyworld）则可能有助于维持现有的社会关系。此外，Twitter 用户有最高的桥接型社会资本，然后是 Instagram、脸书和 Snapchat；而 Snapchat 用户拥有最多的粘接型社会资本，然后是脸书、Instagram 和 Twitter（Phua et al.，2017）。

2.4.2　社交网络主动和被动使用的影响

遵循由宽泛到具体的逻辑，本书梳理了以往关于社交网络主动和被动使用影响的研究，分别从主被动使用共同影响、具体的被动使用行为影响和具体的主动使用行为影响三个方面进行了阐述。

2.4.2.1　社交网络主动和被动使用的共同影响

早期关于互联网使用影响的研究发现，用户使用互联网的方式不同，会带来不同的影响。例如，对荷兰青少年进行了为期一年的跟踪研究显示，使用互联网单纯浏览的青少年在这一年内抑郁水平不断上升，而使用互联网为了与好友聊天的青少年在这一年内抑郁水平则是不断下降的（Shaw and Gant，2002）。与此相反，出于社交—情感目的的互联网使用会降低个人的心理幸福感，而出于信息获取目的的互联网使用则有助于改善人们的心理幸福感（Weiser，2001）。类似的研究也证实，出于社交目的的互联网使用对人们的心理健康会带来更加糟糕的影响，而出于娱乐性目的的互联网使用并不会（Kim et al.，2009）。

学者们发现，造成一般性社交网络使用影响的矛盾性研究结论的原因可能在于，以往研究缺乏考虑用户使用社交网络的不同方式，即主动使用和被动使用（Verduyn et al.，2017）。用户主动和被动使用社交网络的行为可能会带来差异化，甚至相反的心理和社会影响（见图2.4）。

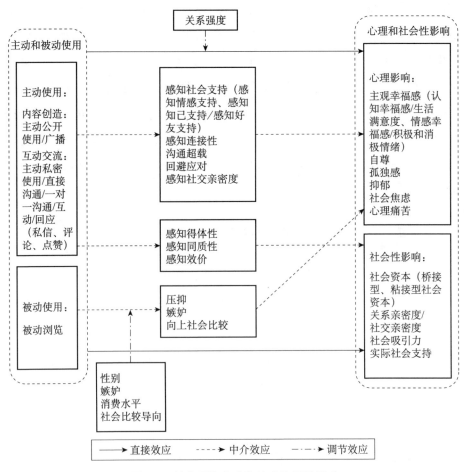

图2.4　社交网络主动和被动使用的影响

以心理影响为例，用户主动使用社交网络通常会对其心理产生积极影响，相反地，用户被动使用社交网络通常会对其心理产生消极影响。例如，主动公开和主动私密使用脸书可能会降低青少年用户的抑郁情绪，而被动使用脸书则显著提升了青少年用户的抑郁情绪（Frison and Eggermont，2016；Frison and Eggermont，2017）。主动使用有助于减少社交网络用户的社会孤独感，而被动使用会增加他们的社会孤独感（Matook et al.，2015）。威尔杜恩（Verduyn，2017）等通过梳理以往研究，从理论方面总结了用户主动和被动地社交网络对主观幸福感的两条差异化影响路径：一是主动使用社交网络可能会增加社会资本和社会连接感，进而对主观幸福感产生积极影响；二是被动使用社交网络可能会增加上行社会比较和嫉妒，进而对主观幸福感产生消极影响。

社交网络用户的主动和被动使用行为的社会影响同样存在差异，主要体现在对关系亲密度和社会资本的影响上（Burke et al.，2011；Burke and Kraut，2014）。通过对 3649 名脸书用户及其 26134 名好友的服务器日志分析和纵向调查，伯克和克劳特（Burke and Kraut，2014）发现，社交网络用户的一对一交流行为（如评论和私信）或者用户浏览好友的状态和照片，均有助于关系亲密度的增加。而一次点击的互动方式（one-click interactions）——点赞，并没有显著影响社会关系强度的改变，这一影响对于非家人关系以及其他渠道交流不频繁的关系来说影响更大。与之相反的是，纽鲍姆和克鲁默（2015）的研究发现，用户更多被动地使用社交网络，往往感知较少的社会亲密感；用户更多主动地使用社交网络（如私信或者评论），更可能感受到社会亲密感。这意味着，感知社会亲密度主要取决于他们是否会回应他人或者与他人互动。类似的研究发现，仅接收来自好友的消息（直接沟通）有助于增加用户的桥接型社会资本，但其他的社交网络使用行为并不会对桥接型社会资本产生任何影响（Burke et al.，2011）。此外，对于低沟通技巧的人而言，接收好友消息以及被动消费好友状态的行为有助于累积更多的桥接型社会资本（Burke et al.，2011）。对于非家人关系以及其他渠道交流不频繁的关系来说，参与脸书私信、评论或者阅读好友消息更可能增进彼此之间的社会关系（Burke and Kraut，2014）。

2.4.2.2 具体的社交网络被动使用行为的影响

研究表明，社交网络用户的被动使用行为往往可能会产生负面的影响，例如抑郁情绪和孤独感的增加、主观幸福感的降低（Krasnova et al.，2015）以及社会焦虑症状的增加（Shaw et al.，2015）。横向研究和纵向研究均证实了用户被动使用社交网站会降低主观幸福感/生活满意度，这一关系受到嫉妒的中介影响（Ding et al.，2017；Krasnova et al.，2013；Verduyn et al.，2015）。上行社会比较和自尊也中介了社交网络被动使用与用户幸福感之间的消极关系，尤其是，社会比较导向强化了被动使用与上行社会比较之间的积极关系（Wang et al.，2017）。性别差异显著调节被动使用行为与主观幸福感之间的关系，与男性用户相比，女性用户被动使用社交网络更可能损害其幸福感（Ding et al.，2017）。

研究显示，人们在脸书上活跃的时间越长，他们的情绪会变得越消极。进一步分析发现，脸书导致情绪恶化的原因可能在于，相较于浏览互联网，浏览脸书被视为不太有意义且不太有用的行为，人们认为，这种行为更多的是在浪费时间，从而导致情绪变糟糕（Sagioglou and Greitemeyer，2014）。这表明社交网络的被动浏览行为与情绪降低之间的关系受到人们赋予事情是否有意义的调节作用。于是，这就产生了一个令人好奇的问题：既然脸书使用会导致用户情绪变得糟糕，为什么人们还在使用它？萨吉奥格鲁（Sagioglou）和格赖特梅尔（Greitemeyer，2014）认为，这可能由于人们出现了一个情感预测错误，即人们期待在使用脸书后会感到更好，但事实上，人们反而感到更糟糕。有趣的是，林和乌兹（Lin and Utz，2015）却发现了与之相反的研究结果，用户在浏览脸书时可能会产生更多的积极情感。他们还在社交网络中观察到一种情绪传染（emotional contagion）现象：人们在浏览包含积极情绪的状态时容易衍生出积极情绪，在浏览包含消极情绪的状态时容易衍生出消极情绪。根据感知—行动模型（perception-action model），有较高相似性和熟悉度的个体更可能彼此触发情绪。由此可见，关系强度越强，情绪传染的作用就越大。也就是说，当浏览者与发帖者为强关系时，浏览者看到发帖者的消极状态会更容易产生消极情绪，而看到发帖者的积极状态则更容易产生积极情绪。尽管大部分研究认为，社交网络用户的被动使用行为会带来更多负面影响。但是，考虑到现有矛盾性研究结论的存在，未来研究需要进一步探索被动使用的影响机制。

2.4.2.3　具体的社交网络主动使用行为的影响

以往鲜有学者单独研究总体的社交网络用户主动使用行为的影响，更多研究聚焦于特定类型的某种主动使用行为，例如在社交网络中自我表露、自我呈现、发布状态、点赞、互动等行为。梳理以往研究对社交网络用户主动使用行为的分类，主动使用行为主要包括主动内容创造行为（如发布状态或广播式行为）和主动互动沟通行为（如私信、聊天、点赞、评论等）（Shaw et al.，2015）。

（1）社交网络用户主动创造内容行为的影响。社交网络用户主动创造内容行为指的是用户发布状态、照片或视频的行为，类似的概念还有创造、发帖（posting）、更新状态（status updates）、主动公开使用、广播式使用等（Burke et al.，2011；Frison and Eggermont，2016；Neubaum and Krämer，2015），同时也与自我表露（self-disclosure）和自我呈现（self-presentation）概念有交叉（Utz，2015）。

目前关于主动创造内容行为对用户社交环境的影响研究主要探索了用户发布状态行为对其社会吸引力的影响。用户在社交网络主页上发布状态的频率可能影响社交网络其他成员（观察者）对自己的印象。例如，如果其他人看到一个发布较少的状态的用户，他们会认为该用户可能更抑郁且缺乏社交技巧，而这种关于抑郁和社交技巧缺陷的印象随后会造成其他人对该用户吸引力判断的偏差；如果看到发布状态频繁的用户则结果相反（Tokunaga and Quick，2018）。

大多数相关文献研究主要集中于探讨发帖行为对用户心理变量的影响，研究结论并不一致。一方面，社交网络中的主动发布状态可能会降低他们的孤独感（Deters and Mehl，2013）；另一方面，社交网络的发帖行为也可能会带来一些消极心理影响，例如，在社交网络上发布状态可能会直接引发青少年用户的抑郁情绪（Frison and Eggermont，2016）。

社会支持在用户发布状态行为与其心理影响中起着重要的中介作用。如果社交网络用户在发布状态之后感知到社会支持，就可能会降低他们的抑郁情绪（Frison and Eggermont，2016）。如果社交网络用户发布积极或者诚实的状态，他们就可能感知到更多的社会支持，从而提升其主观幸福感（Kim and Lee，2011）。

由此可以看出，用户感知社会支持或者社会回应会对他们的心理变量（如孤独感、自尊或幸福感等）带来一定的影响。因此，不少学者将社交网络上他人的回应视作一个重要的影响因素。

①他人回应对发布状态行为与孤独感之间关系的影响。虽然德特斯等（Deters and Mehl，2013）的研究认为，其他用户的回应（如点赞或评论）并不会对增加社会连接感或者降低孤独感有帮助，但是，依然有许多研究证实了其他用户回应对发帖者的孤独感存在显著影响。如果用户在发布状态后收到较少的好友回应（意味着遭受了人际忽视），该用户的孤独感可能会上升，且社交网络中好友回应对发帖者孤独感的影响显著大于其总体好友数量的影响（Greitemeyer et al.，2014）。除了来自其他用户更多的回应数量（点赞或者评论），更短的回应时间也可能会增加发帖者的社会支持感知，从而降低发帖者的孤独感（Seo et al.，2016）。

②他人回应对发布状态行为与自尊之间关系的影响。脸书用户在发布照片后收到点赞的数量积极影响他们的自尊水平。不过，如果该用户的生活目的意识很强，点赞的数量对其自尊的影响会减弱（Burrow and Rainone，2017）。点赞的数量和积极评论的数量有可能会提升发帖者的自尊和幸福感，可能因为他们认为自己发布的状态是正向且重要的，同时也感到好友对自己发布的内容是感兴趣的（Zell and Moeller，2018）。一个3（点赞数量：0 vs. 2 vs. 3）x 2（关系：亲密朋友 vs. 熟人）的在线实验结果显示，如果人们没有收到点赞，他们的归属感需求和自尊需求会受到威胁；相反，收到更多的点赞会令他们感到满意（Reich et al.，2018）。

如果将他人的回应作为用户心理状态变化的重要影响因素，还需要考虑用户发布状态对他人回应的影响机制，例如发布状态的内容效价、内容亲密度等。

研究发现，用户发布状态的内容效价会对他人回应产生不同的影响。在社交网络中，发布积极的状态和消极的状态都很常见（Qiu et al.，2012；Wang et al.，2013）。发布积极的状态主要指的是发布开心、正面的情感或经历，例如爱、感激和快乐等（Ziegele and Reinecke，2017）。发布消极的状态主要指的是发布负面、糟糕的情感或经历，例如抱怨、失望、抑郁情绪、对待他人的负面情绪或态度等（Wang et al.，2013）。社交网络上的公开发布状态中存在着一种默认的"积极性偏差"（Utz，2015）/"积极性规范"（Ziegele and Reinecke，2017）：用户更多地在社交网络中发布更积极的状态，以呈现更好的自我和塑造更好的形象（Qiu et al.，2012）。根据资本化理论，在线下关系的形成过程中，分享更多积极信息的人会收到更多积极的回应（Orben and Dunbar，2017），这一理论同样适用于在线和社交网络环境中。发布积极的状态可能会产生更多的社会连接感（Utz，2015），可以得到其他人更多的回应以及更多的积极回应（Metzler and Scheithauer，2017）。同样，发布积极的状态会使接收者感到与发帖者更相似，感到发帖者具有较高的社会吸引力，有助于彼此间关系亲密度的增加（Orben and Dunbar，2017）。当然，用户也会在社交网络中发布很多消极状态，这些充斥着负面情绪的状态是否会得到社交网络中其他用户的回应，取决于其他用户感知提供社会支持的紧迫性以及他们感知这个状态的合适性。其中，发帖者和浏览者之间的社会距离（即关系强度）也会产生调节作用（Ziegele and Reinecke，2017）。伯克和德夫林（Burke and Develin，2016）将社交网络用户发布状态中包含的情绪进一步细分为效价×自我相关性：即正面情绪、中性情绪、负面情绪；正面且与自我相关的情绪、中性且与自我相关的情绪、负面且与自我相关的情绪；并且分析了数百万条去识别化的脸书真实状态（带着发帖者注释的感受——脸书最新的一个功能，允许用户在发布状态的同时添加自己的感受，如感恩或者忧虑等）。研究发现，与社会分享理论一致，用户脸书上发布含有负面情绪的状态会引起脸书好友更多的回应，以及包含更长的情感性和支持性的评论；而用户在脸书上发布含有积极情绪的状态会收到更多的赞，收到的评论则含有更多积极性的语言。和发帖者自我价值有关的感受则进一步放大了这些作用,例如失败感或者感觉不被爱等。同样地,杰捷尔斯(Deters,2016)等的研究结果也证实,更积极的状态会收到来自其他用户更多的赞而更少的评论。除了积极和消极的状态外,用户发布自恋的状态会比其发布中性的状态,让其他用户感到更不可爱、更不成功和更不值得友爱(Kauten et al.,2015)。

发布状态中包含内容亲密度也会影响发帖者与浏览者之间的关系。如果社交网络用户发布太过亲密的状态,会使他人认为这个状态是不太得体的,因而降低对发帖者的社会吸引力感知(Orben and Dunbar,2017)。相对地,人们认为对于亲密的话题或内容更适合通过更私密的方式沟通,而非这种公开的传播(Bazarova,2012)。

回应数量和关系强度的交互作用同样会影响发帖者的心理感知。以一次性点击这种象征性回应(点赞)为例,塞瑟斯(Scissors,2016)等通过问卷调查和匹配的脸书用户真实行为数据分析,对点赞行为的影响进行了更深入的探讨。他们发现,脸书用户往往更关心谁点赞了他们的状态而非收到多少个赞,他们更期待来自好友、爱人以及除父母以外的家庭成员的点赞,大多数被试者并没有很强烈地感受到收到"足够"多的点赞是非常重要的。自尊水平较低和自我监控水平较高的个体更可能认为赞很重要,如果他们没有收到"足够"多的赞,他们更可能会产生糟糕的情绪。而另一项研究却得到了与之相反的结论:相较于谁赞了他们,人们更关心的是收到多少个赞(Reich et al.,2018)。一个在线实验研究显示,与赞的数量相比,来自谁点的赞对发帖者的归属感、自尊和满意度的影响很小(Reich et al.,2018)。这也进一步支持了早期研究的结论:与沟通质量相比,沟通频率对于维持亲密度更为关键(Cummings et al.,2006)。

发帖者不同的人格特质与发布状态的内容效价交互影响着他人回应。对于低自尊的个体而言,如果他们在脸书上发布更多消极的内容,更容易得到陌生人的点赞;而如果他们在脸书上发布更多积极的内容,更容易得到好友的回应(Forest and Wood,2012)。这就意味着,脸书好友可能会通过直接的社交回应的方式"奖励"不典型的情感表达，例如评论。这一结果在杰捷尔斯等（2016）的研究中也得到了证实。他们利用美国和德国样本以及多种研究方法检验了人格在发布状态与他人回应之间的影响，结果发现，更积极的状态会收到更多的赞，这一作用对于比较内向的用户或者社会焦虑更高的用户来说会更明显。

此外，不同的发帖程度和不同的发帖时间也可能是造成用户心理感知差异的一个重要因素。对于低中度主动公开使用脸书（即在脸书上发布状态）的青少年而言，主动公开使用脸书会随着时间增长而孤独感减轻；而对于重度主动使用的青少年而言，他们上网的时间代替了他们在其他地方花费的时间，所以主动发帖行为会带来孤独感的增加（Wang et al.，2018）。此外，主动发布状态不仅可以带来不同类型的满足，也可能会增加社交网络用户的上瘾，而这些影响还会受到发布状态时间的影响。周末发布状态更多的微博用户可以获得更高水平的满足，更可能上瘾，而工作日发布状态更多的用户则截然相反，这意味着使用时间偏好是影响微博用户满意度的关键因素（Li et al.，2017）。

综上所述，现阶段关于主动发帖行为影响的研究主要集中于探讨其他用户的回应所产生的影响，也就是说，更强调环境因素对用户发布状态后心理变化的影响。虽然有少量研究考虑了发帖者人格因素和发布状态的内容效价对他人回应的交互作用，但目前尚缺乏研究从发帖者人格因素方面探讨用户发布状态后的心理变化机制。

（2）社交网络用户主动互动沟通行为的影响。社交网络用户主动互动沟通行为指的是用户和他人互动、交流的行为，主要涵盖了参与、主动私密使用、直接沟通（directed communication）、互动（interaction）、点赞（liking）、评论（commenting）等概念（Burke et al.，2011；Frison and Eggermont，2016；Li et al.，2015；Neubaum and Krämer，2015；Reich et al.，2018）。

关于主动互动沟通的行为，以往研究主要集中于探讨该行为对人际关系或者社会资本的影响。早在巴戈齐（Bagozzi，2007）等的研究中就分析了在线互动交流带来的影响，例如增加线下和亲友互动、参与邻里活动和爱好小组等。人们的互动交流也可能会带来负面的个人和社会影响，这主要取决于互动的强度。互动强度和个人以及社会影响之间的关系曲线呈现倒"U"型，也就是说，在低互动强度下，互动可以带来满意、知识获得（个人影响）以及社会化、互惠性（社会影响），这些影响在中等强度时达到顶峰；而在高互动强度下，互动则会产生挫折、信息超载（个人影响）和冲突、社会纷争（社会影响）（Bucy，2004）。早期关于互联网沟通使用的影响研究发现，出于沟通目的的互联网使用带来的影响显著不同于其他目的的使用。例如，出于信息搜寻、娱乐或者商务/购买目的的互联网使用并不会带来个体心理幸福感的改变，而出于沟通目的的互联网使用会显著影响个体的抑郁水平。具体而言，如果用户更多地与弱关系（陌生人）进行在线互动，随着时间的推移，他们的抑郁水平会呈现上升趋势；与此相反，用户更多地与朋友或家人进行在线互动是有助于降低其抑郁水平的（Kraut and Burke，2015）。

社交网络中用户的直接互动交流有助于增加用户的即时积极情感，从而提升其感知社会支持并长期改善其生活满意度水平（Kross et al.，2013；Oh et al.，2014）。通过社交网络中的互动交流，人们通常可以体验到更多的快乐和兴奋（Zhang and Leung，2015）。根据社会渗透理论，亲密的交流会带来良好的关系结果。这一理论在社交网络环境下同样得到证实：在社交网络的一对一直接交流中，表露的亲密度可以产生更高的社会连接感，而公开发布状态并不会产生影响，因为这种方式不够亲密（Utz，2015）。此外，一对一直接交流中的积极表露也会提高社会连接感，这进一步证实了资本化理论（Utz，2015）。

点赞和评论作为用户在社交网络中与他人互动的两种典型行为，这些年来也备受学者们的重点关注。尽管同样是对其他用户的回应，但点赞和评论带来的社交价值却并不相同。根据信号理论，由于点赞行为只需要很少的努力（轻轻一次点击），所以可能传递出一个信号——这个关系是不太有价值的；这种信号可能会导致接收者感知较少的社会支持（Burke and Develin，2016）。伯克和克劳特（Burke and Kraut，2014）发现，同样是与发帖用户的直接交流，私信和评论可以显著增加发帖者和回应者之间关系亲密度，而点赞行为却不会对他们之间的关系亲密度产生任何影响。由此可见，相较于评论这种直接交流的回应方式，一次性点击象征性回应（点赞）的社会价值有待商榷。

综上所述，现阶段关于主动互动沟通行为影响的研究主要集中于探讨使用带来的积极心理和社会影响，尚缺乏研究探索主动互动沟通行为的消极作用机制。

2.5　文献总结与评述

迄今为止，关于社交网络用户主动和被动使用行为的前因及影响的研究受到了不少学者的关注，同时也引起了许多从业人员的重视。但是，相关领域仍然存在着一些尚未解决的问题，有待未来进一步完善。具体研究现状和存在的问题归纳如下。

第一，目前的研究主要探索了社交网络主动使用的分类，尚未有研究分析社交网络被动使用的细分维度。由于不同的社交网络平台有不同的功能和活动，例如脸书和微信，用户主动和被动使用行为的测量也可能会有所不同。以往研究中，社交网络用户的被动使用行为通常指的是浏览 Newsfeed 或好友状态（并不评论或者点赞）（Burke et al.，2011；Ding et al.，2017），被动使用仅被视为单一维度，未考虑其细分维度。考虑到微信特有的公众号功能，微信用户的被动浏览行为可能还包含浏览公众号中的文章和信息。因此，识别和确定微信用户主动和被动使用的维度并修订量表，对于更全面客观地了解微信用户的使用行为，并为用户提供更优质的体验和服务，显得十分必要。

第二，目前关于社交网络主动和被动使用影响的相关研究主要集中于考察对用户的心理和社会性的影响，缺乏对后续行为变量影响的分析。例如，通过不同的心理和社交体验，社交网络用户的主动和被动使用行为对其后续使用意向产生的影响。此外，现有研究倾向于认为，社交网络用户的主动使用行为能够带来积极的影响，而被动使用行为则可能会导致消极的影响，缺乏研究探讨相反的影响机制，比如被动使用的积极影响和主动使用的消极影响。以往研究探索了社交网络主动使用的正面心理影响，例如增加的生活满意度和积极情感（Verduyn et al.，2017），以及社交网络被动使用的负面心理影响，例如增加的社会比较心理、嫉妒、抑郁等（Frison and Eggermont，2016）。考虑到微信的具体情境，微信用户的被动浏览行为并不仅限于社交浏览，用户浏览公众号文章可以获得最新消息，这有助于用户感知更高的信息支持并带来更积极的心理结果。再者说，现有关于主动性和被动性使用社交网络对两种类型的社会资本（桥接型社会资本和粘接型社会资本）的影响研究结果并不一致（Burke et al.，2010；Koroleva et al.，2011）。基于强关系的用户网络结构是微信的一个独特性特征（Gan，2017），微信中社会资本的累积可能不同于从其他社交网络平台获得的社会资本，因此，微信主动和被动使用的影响值得进一步的探讨。

第三，目前针对社交网络主动和被动使用影响因素的研究结论并不一致，且忽视了对主动和被动使用行为的进一步细分。具体来说，学者们对于社交网络用户的主动和被动使用行为是否受到不同因素的影响存在矛盾性结论。对比相同的影响因素，一方面，社交网络主动和被动使用会受到相同的个人参与动机和社会参与动机的影响（Pagani and Mirabello，2011）；另一方面，自我认同表达意识和社会认同表达意识仅积极影响社交网络用户的主动使用行为，并不会对被动使用产生显著影响（Pagani et al.，2011）。因此，需要更多的研究分析社交网络用户主动和被动使用受到哪些相同和不同因素的影响。虽然陈等（2014）、朱和巴奥（Zhu and Bao，2018）分别探讨了社交网络主动使用和被动使用的影响因素，根据使用和满足理论，个体使用特定的社交网络平台的动机是不同的。而且这些研究仅将主动和被动使用视作一维变量，缺乏细分维度。在微信这个具体的情境下，结合不同的细分维度，微信用户主动和被动使用行为的影响因素究竟有哪些？又有何不同？此外，微信是中国最大的本土化社交网络平台，中国微信用户的主动和被动使用行为是否会受到中国特色文化的影响还需要进一步深入研究。由于用户的主动使用是社交网络平台成功和持续发展的关键（Chen et al.，2014），用户被动浏览社交网络平台中的信息可能会引发妒忌和抑郁情绪，而用户的这种负面情绪对社交网络平台的长期可持续发展来说是有害的（Krasnova et al.，2013）。因此，充分了解社交网络用户主动和被动使用行为的影响因素是很有必要的。

第3章

社交网络主动和被动使用
维度及其测量研究

通过对国内外相关文献的梳理发现，关于社交网络用户主动和被动使用行为的现有研究还存在诸多不足。考虑到微信的具体情境，需要确定微信用户的主动和被动行为及其维度，以便更清楚地了解微信用户的使用行为。以往关于社交网络使用模式（主动和被动使用）的研究主要以脸书为研究对象，由于不同的社交网络平台有不同的功能，因此，本书将以往脸书主动和被动使用量表与微信的具体情境相结合，确定微信用户主动和被动使用行为及其子维度，并修订量表，为后续深入研究微信主动和被动使用的影响因素及作用奠定基础。

3.1 引言

梳理关于社交网络主动和被动使用的研究发现，已有研究主要集中于社交网络主动使用的不同维度，例如主动公开使用和主动私密使用（Frison and Eggermont，2016）、主动广播式使用和一对一私信（Burke et al.，2011）、主动创造内容和主动互动沟通（Shaw et al.，2015）、主动参与和创造

（Neubaum and Krämer，2015）等。但是，尚未有研究针对社交网络被动使用进行进一步细分。

　　除此之外，以往绝大多数关于社交网络主动和被动使用的研究主要以脸书为研究对象，而不同的社交网络平台有不同的功能和服务，例如脸书和微信。脸书是全世界最大的社交网络平台，而微信是中国本土最常见且使用人数最多的社交网络应用。根据博伊德和埃里森（2007）提出的"社交网站"的概念，社交网站具有多种功能：（1）一个公开或者半公开的个人账户；（2）可以共享的好友列表；（3）可供用户评论的功能；（4）和网络邮件相似的私信功能；（5）照片分享或者视频分享；（6）即时通信；（7）可以细分用户的群功能；（8）状态发布/更新功能以及点赞功能（Gerson et al.，2017）。本书对比了脸书和微信的不同功能（见表 3.1），发现两者的最关键差异在于网络的开放程度。微信用户只有在互为好友的关系下才可以浏览其他人的状态；而对于脸书用户而言，即使他们并不是好友或者并没有关注对方，同样可以浏览其他人的状态。虽然脸书用户和微信用户均可以在 Newsfeeds 或朋友圈（微信）中浏览、点赞和评论好友发布的状态、照片或帖子等内容（Gan，2017；Gerson et al.，2017）。但是，Newsfeeds 的内容还包含用户关注的企业信息或者媒体消息，这些信息与好友状态混合出现在 Newsfeeds 中，而微信朋友圈的内容仅包含好友发布的状态。微信用户仅可以通过单独的订阅区域，即公众号/订阅号，才能浏览或者接收媒体消息或者企业通知。微信公众号是一种服务账号，微信平台允许个人或者公司注册公众号，用户订阅后可以每天在订阅区接收文章信息（Xu et al.，2015）。脸书用户的被动使用行为指的是浏览好友状态或者浏览脸书（Newsfeeds）中的内容（并不评论或者点赞）（Frison and Eggermont，2016；Gerson et al.，2017），考虑到微信特有的公众号功能，微信用户的被动浏览行为可能还包含浏览公众号中的文章和信息。因此，首先识别和确定微信主动和被动使用行为及其量表就显得尤为重要。

表 3.1 脸书功能和微信功能的对比

SNS 功能	脸书功能	微信功能
一个公开或者半公开的账户	√	√
其他用户可以共享的"好友"列表	√	√
评论（允许用户留言）	√ [在好友"墙（Wall）"上留言、对 Newsfeeds 中的状态、图片和视频评论]	√ （对朋友圈中的状态、图片和视频评论）
点赞	√ （对 Newsfeeds 中的状态、图片和视频点赞）	√ （对朋友圈中的状态、图片和视频点赞）
私信	√	×
更新状态	√	√
发布照片和视频	√	√
即时通信（聊天）	√	√
群组	√	√
创造或响应事件（Creating or RSVPing to events）	√	×
钱包（微信支付）	×	√
公众号	×	√
摇一摇（为了找人、音乐或者电视节目）	×	√

本书旨在确定微信用户的主动和被动使用行为及其维度。本书根据脸书主动和被动使用量表，结合微信的具体情境，通过探索性因子分析和验证性因子分析，确定和检验了微信主动和被动使用的维度，并修订了微信主动和被动使用量表。

3.2 研究设计

3.2.1 问卷设计与量表修订

本部分旨在确定微信用户的主动和被动使用行为及其维度。由于微信的半封闭性及用户被动浏览行为数据的难监测性，因而本书采取问卷调查的方法考察微信用户的主动和被动使用行为。

问卷调查是管理学领域定量研究中常用的研究方法之一。在一项典型的问卷调查中，研究人员首先选择调查对象作为样本；其次利用标准化的问卷进行测量；最后对总体情况进行定量分析（Earl Babble，2009）。调查问卷是问卷调查方法的研究工具，其设计是否科学合理会直接影响数据收集过程的快速有效性以及数据的质量水平，从而影响研究结论的准确性和可靠性（肖璇，2016）。研究者很难用单个问卷项目来充分测量某个研究变量，因而会设计包含多个问卷项目的量表，让每个项目在一定程度上测量该变量的某个方面（Earl Babble，2009）。通过合理的量表设计，可以实现模型中每个变量的可操作化。

根据德维利斯（2004）的量表编制指南，本量表的修订主要经过以下四个阶段（如图 3.1 所示）。

（1）本部分研究的核心内容在于确定微信用户的主动和被动使用维度及修订量表。通过对国内外相关文献进行充分检索，确定了相关性较强且相对成熟的脸书主动和被动使用量表作为参考。

（2）参考格尔森等（2017）编制的脸书主动和被动使用量表，本书沿用了其五点式量表计分方法，1 表示从未有过（0%）、2 表示很少（25%）、3 表示有时（50%）、4 表示有些频繁（75%）、5 表示非常频繁（100%）。得分越高，说明被试者参与微信活动的频率越高。

（3）由于本书参考的量表原文为英文，为了确保更好的内容效度，在问卷设计过程中，先是采用了翻译—回译法形成初始中文量表，然后邀请了两名消费者行为学领域的博士生对问卷内容进行了反复修改，以保证翻译内容的等价和有效。

（4）为了避免量表中存在语境模糊和语意不清晰等问题，本书使用前测法（pretest）以进一步改善量表的内容效度。首先，本书邀请相关研究领域的教授试填，并请其针对量表设计的科学性、题项设置的合理性、文字表述

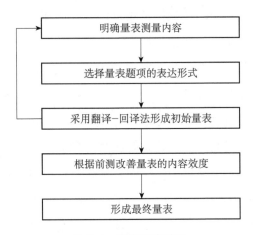

图 3.1　量表形成过程

资料来源：德维利斯（2004）的量表编制指南。

的准确性以及在中国情境下的适用性等方面提出意见和建议。其次，参考甘
（Gan，2017）的研究设计，本书邀请了 10 名有丰富使用经验的微信用户对
问卷进行试填。在填写完成后，作者对问卷题项逐一进行解释，答题者可以
随时提出存在的疑义，以确保答题者对问题的理解与作者的研究目的相吻合。
此外，本书也请他们针对问卷的题项设计和表达清晰易懂性等方面进行了反
馈，根据收到的反馈意见，对理解偏差和语意模糊等问题进行了修正，对问
卷的题项进行了进一步修改，形成最终的问卷。

　　问卷内容主要包括三个部分：第一部分解释本次问卷调查的目的并表
明调查的匿名性和保密性；第二部分为研究主体部分，主要包含了微信主
动和被动使用等相关题项；第三部分询问了被试者的基本信息和微信使用
情况，主要包含性别、年龄、教育程度、微信使用时间和微信好友数量等
相关问题。

3.2.2　变量测量

　　主动使用指的是社交网络用户主动参与人际互动沟通或者内容创造的行
为模式。被动使用指的是社交网络用户仅浏览和消费信息的行为模式。以往

关于社交网络主动和被动使用的研究均以脸书为研究对象，但不同社交网络平台的功能存在差异化。因此，为了更准确地测量微信用户的主动和被动使用行为，本书结合微信的具体情境，改编了格尔森等（2017）提出的脸书被动和主动使用量表（passive and active use measure，PAUM）。原量表包含 13 个题项，将脸书使用分为主动社交、主动非社交和被动使用。

腾讯（2016）报告显示，微信最常用的功能有朋友圈功能（可以发布状态或者浏览状态）、聊天功能和公众号功能（可以浏览公众号文章）。由于微信聊天又包含一对一聊天和群聊，本书将原量表中的"聊天"题项进一步分为"和微信好友聊天"和"参与群聊"两个题项。鉴于脸书和微信功能的差异性，微信并没有事件功能或者（照片）圈人功能，本书删除了三个测量项："在照片中圈人""在视频中圈人"以及"创造事件"。考虑到脸书的 Newsfeed 功能与微信的"朋友圈"功能相似，均与浏览好友状态相关，本书将原量表中的 Newsfeed 替换为微信朋友圈，三个相关题项分别改编为"浏览朋友圈状态、照片或视频（不点赞和评论）""登录微信查看微信好友在做什么""查看微信好友的朋友圈（个人主页）"。由于脸书中的"浏览照片"对应微信的是朋友圈的图片，与浏览朋友圈重叠，因而将该题项剔除。"评论（状态、照片等）"与"对好友状态，照片或视频等点赞或评论"重叠，因而将前一题项剔除。此外，考虑到"公众号"是微信特有的而脸书并没有的功能，本书对照原量表中被动浏览 Newfeed 的两个题项，在被动使用中添加了"浏览公众号（不点赞、评论或分享）"和"登录微信查看公众号更新"两个题项（详见附录 A）①。

作为验证过程的一部分（用于检验量表的判别效度），问卷中还包含了孤独感的测量，测量项来自罗素等（1978）的 UCLA 孤独感量表，共包括六个题项。

---

①　原 Facebook 主动和被动使用量表中还包含"查看个人主页"的题项。但鉴于本书发布问卷时间为 2017 年 12 月，而微信公众号主页上线时间约为 2018 年 6 月，所以本书修订量表时没有增加"查看公众号主页"的题项。

3.2.3 问卷预调研

本书的调研分为两个阶段。第一阶段是预调研阶段（pilot test），主要是对问卷的信度和效度进行初步检验，以确定问卷是否需要进一步调整。

本次预调研采用的是网上调查问卷的方式，雇用了一家专业的问卷调研公司（问卷星）对微信用户进行了问卷调查。为了保证问卷数据来源的广泛性，本书没有限定填写问卷的被试者的年龄、性别和地域。总共发放问卷150份，剔除回答时间过短（少于30秒）以及所有问题相同分数的无效问卷，保留有效问卷137份。

本书通过 Cronbach's alpha 系数检验问卷的内部一致性。对问卷预调研数据的分析发现，问卷的整体 Cronbach's alpha 系数为 0.853，每个构念的 Cronbach's alpha 系数在 0.730~0.933，均高于 0.7 的阈值，显示了良好的内部一致性信度（见表3.2）。

表3.2　　　　　　　　　　问卷的 Cronbach's alpha 系数

变量	Cronbach's alpha 系数
主动社交使用	0.742
主动非社交使用	0.798
被动社交使用	0.730
被动非社交使用	0.759
孤独感	0.933
总体	0.853

本书通过因子分析检验问卷的结构效度。KMO 和 Barlett 球形度检验的结果显示，整体 KMO 值为 0.835（明显高于 0.6 的阈值），Barlett 球形度检验的 Sig 值为 0.000，低于 0.05 的显著水平，表明可以进行因子分析。问卷项目的因子载荷处于 0.774~0.899，高于 0.5 的阈值，且每个构念的累积解释方差均高于 50%，表明了问卷量表具有较好的聚合效度（吴明隆，2010）（见表3.3）。

表 3.3　　　　　　　　　　　　　　因子分析结果

变量	测量项	因子载荷	累积解释方差（%）	KMO 值	Barlett 球形度检验 Sig
主动社交使用	AS1	0.837	64.908	0.835	0.000
	AS2	0.774			
	AS3	0.805			
主动非社交使用	ANS1	0.850	91.398		
	ANS2	0.872			
	ANS3	0.817			
被动社交使用	PS1	0.820	66.120		
	PS2	0.806			
	PS3	0.813			
被动非社交使用	PNS1	0.898	80.631		
	PNS2	0.898			
孤独感	LO1	0.861	75.006		
	LO2	0.853			
	LO3	0.861			
	LO4	0.887			
	LO5	0.833			
	LO6	0.899			

预调研数据的信度和效度检验结果显示，问卷的信度和效度比较理想，可以进行正式调研。

3.2.4　样本与数据收集

第二阶段为正式调研阶段。本部分采取了网上调查问卷的方法，该方法在信息系统领域和营销领域已被广泛使用。由于使用网络的用户数量巨大，更容易获得大量的样本数据，本书雇用了一家网上调查公司（问卷星）对微信用户进行问卷调查。为了保证问卷数据来源的广泛性，本书并没有限制被试者的年龄、性别和地域。本次调查覆盖了广东、江苏、上海、山东、辽宁、广西、河北、安徽、北京、浙江等多个省份，全部采取匿名方式填写。为了控制问卷的质量，本书设置了限制：每台设备（电脑/手机）以及同一 IP 地址仅能填写一份问卷。成功填写完问卷的被试者将收到每人 1 元的红包奖励。共收集 750 份问卷，剔除回答时间过短（少于 30 秒）、所有问题相同分数以及信息不完全的无效问卷，本书最终将 718 份有效样本用于后续分析。

本书使用 SPSS 20.0 软件对样本数据进行了描述性统计分析。如表 3.4 所示，样本的基本情况如下：被试者均为微信用户；性别方面，样本包含了 325 名男性用户（占 45.3%），393 名女性用户（占 54.7%）；年龄方面，被试者的平均年龄为 30.17 岁，超过 70% 的被试者的年龄处于 18~35 岁；教育程度方面，八成左右的被试者是本科及以上学历；职业方面，绝大多数被试者拥有工作（429 名企业职员、74 名自由职业者、100 名事业员工、102 名学生和 10 名其他）；微信使用情况方面，近半数的参与者微信好友数量超过 150 人，绝大多数被试者使用微信超过 3 年，超过七成参与者每天使用微信时间超过 1 小时。从用户的年龄、职业分布、微信使用等各方面，本书问卷数据与腾讯（2015、2016）报告的微信用户的特征一致，即微信用户的年龄主要集中在 18~35 岁，职业分布集中于企业职员、自由职业者、学生和事业单位员工，其中四成以上为企业职员，半数用户的好友数量高于 100 人，超过半数用户每天使用微信超过 1 小时。这表明，本书的样本数据特征符合目前微信用户发展统计情况，样本具有一定代表性。

表 3.4   **样本数据描述性统计信息**

项目	题项	频率	百分比（%）
性别	男性	325	45.3
	女性	393	54.7
年龄	<18	9	1.3
	18~25	175	24.4
	26~35	348	48.5
	36~55	178	24.8
	>55	8	1.1
教育程度	高中及以下	40	5.6
	大专	105	14.6
	本科	532	74.1
	硕士及以上	41	5.7

续表

项目	题项	频率	百分比（%）
职业	学生	102	14.2
	企业职员	429	59.7
	自由职业者或个体户	74	10.3
	事业单位员工	100	13.9
	其他	13	1.8
微信好友数量	<50	82	11.4
	50~150	271	37.7
	150~300	263	36.6
	300~500	65	9.1
	>500	37	5.2
微信使用经验	<1 年	19	2.6
	1~2 年	84	11.7
	3~5 年	402	56.0
	>5 年	213	29.7
微信每天使用时间	<10 分钟	17	2.4
	10~30 分钟	85	11.8
	30 分钟~1 小时	188	26.2
	1~2 小时	196	27.3
	2~4 小时	125	17.4
	>4 小时	107	14.9

3.3　数据分析

为了更好地检验微信主动和被动使用维度及其量表，本书使用 SPSS 20.0 和 AMOS 17.0 软件对问卷数据分别进行了探索性因子分析和验证性因子分析。

3.3.1　探索性因子分析

本书从样本中分别随机抽取了一百名男性和一百名女性被试者，共计

200 份数据用于探索性因子分析，剩下的 518 份数据用于后续的验证性因子分析。本书通过主成分分析和最大方差正交旋转法进行了探索性因子分析，以确定微信主动和被动使用的维度。KMO 和 Barlett 球形度检验的结果显示，KMO 值为 0.790（明显高于 0.6 的阈值），Barlett 球形度检验的 Sig 值为 0.000，低于 0.05 的显著水平，表明可以进行因子分析。

如表 3.5 所示，经过因子分析后共提取了 4 个特征值大于 1 的因子，解释了 73.108% 的总方差。提取的第一个因子，包含了 3 个题项，与个体主动使用微信进行内容创造的行为相关，因而将之定义为主动非社交使用（active non-social use），这个因子解释了 20.496% 的总方差。第二个因子，包含了 3 个题项，与个体被动使用微信浏览好友状态的行为相关，因而将之定义为被动社交使用（passive social use），这个因子解释了 19.113% 的总方差。第三个因子，包含了 3 个题项，与个体主动使用微信与他人互动沟通的行为相关，因而将之定义为主动社交使用（active social use），这个因子解释了 18.403% 的总方差。第四个因子，包含了 2 个题项，与个体被动使用微信浏览公众号文章和信息的行为相关，本书将之定义为被动非社交使用（passive non-social use），这个因子解释了 15.096% 的总方差。由于社交网络使用有主动和被动行为，本书还对提取的四个因子进行了二阶因子分析，结果仅提取出一个因子，表明量表分为四个维度是合适的。

表 3.5　　　　　　　　　　　探索性因子分析

测量项	1	2	3	4
ANS1	0.797			
ANS2	0.829			
ANS3	0.841			
PS1		0.849		
PS2		0.708		
PS3		0.799		
AS1			0.849	
AS2			0.770	
AS3			0.724	

续表

测量项	1	2	3	4
PNS1				0.837
PNS2				0.887
特征值	2.255	2.102	2.024	1.661
解释的方差（%）	20.496	19.113	18.403	15.096

注：ANS＝主动非社交使用；PS＝被动社交使用；AS＝主动社交使用；PNS＝被动非社交使用。

3.3.2　验证性因子分析

为了验证修订后的社交网络主动和被动使用量表的结构效度，本书进行了验证性因子分析（见图 3.2）。结果表明，$\chi^2 = 111.919$；df（38）；$\chi^2/df = 2.945 < 3$；$p < 0.001$；RMSEA $= 0.061 < 0.08$，整体拟合度尚可。模型的比较拟合指数 CFI 为 0.966，GFI 为 0.964，Tucker – Lewis 指数 TLI 为 0.951，表明模型拟合度良好。

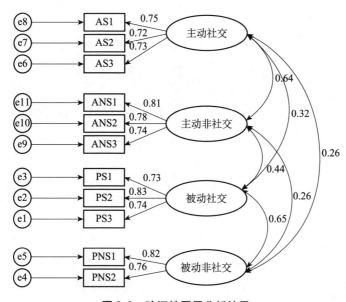

图 3.2　验证性因子分析结果

本书通过 Cronbach's alpha 检验主动和被动使用量表的内部一致性。对数据进行分析发现，主动社交使用、主动非社交使用、被动社交使用和被动非社交使用的 Cronbach's alpha 系数分别为 0.775、0.816、0.806 和 0.771，均展示了良好的内部一致性信度（见表3.6）。由表3.7可见，项目的因子载荷处于 0.725～0.889，高于 0.5 的阈值，表明了较好的聚合效度。此外，组合信度（CR）超过了 0.6 的阈值，平均提取方差（AVE）超过了 0.5 的阈值（Fornell & Larcker，1981）（见表3.6），证实了量表的收敛有效性。

表3.6　　　　　　　　　　**描述性统计和信效度**

统计	均值	方差	最小值	最大值	Cronbach's Alpha	CR	AVE
主动社交使用	3.596	0.718	1.000	5.000	0.775	0.836	0.632
主动非社交使用	3.071	0.822	1.000	5.000	0.816	0.853	0.660
被动社交使用	3.615	0.742	1.670	5.000	0.806	0.858	0.668
被动非社交使用	3.508	0.760	1.000	5.000	0.771	0.846	0.734
孤独感	2.470	1.020	1.000	4.830	0.930	0.943	0.734

表3.7　　　　　　　　　　**微信主动和被动使用测量项的因子载荷**

测量项	主动社交	主动非社交	被动社交	被动非社交
AS1	0.889			
AS2	0.725			
AS3	0.761			
ANS1		0.782		
ANS2		0.806		
ANS3		0.848		
PS1			0.814	
PS2			0.807	
PS3			0.804	
PNS1				0.845
PNS2				0.868

验证性因子分析结果显示（见图3.2），被动社交因子与被动非社交因子之间存在强相关关系（r=0.652，p<0.001），这两个因子的强相关关系展示了其代表构念的高度相似性，可以视为被动使用的两个维度。主动社交因子与主动非社交因子之间存在强相关关系（r=0.638，p<0.001），这两个因子的强相关关系展示了其代表构念的高度相似性，可以视为主动使用的两个维

度（Gerson et al., 2017）。被动社交因子与主动社交因子（$r = 0.323$，$p < 0.001$）以及主动非社交因子（$r = 0.442$，$p < 0.001$）均中等程度相关；被动非社交因子与主动社交因子（$r = 0.264$，$p < 0.001$）以及主动非社交因子（$r = 0.256$，$p < 0.01$）均中等程度相关。中等程度的相关性意味着这些因子测量了相关但不同的构念（Gerson et al., 2017）。本书使用孤独感量表检验主动和被动使用量表的判别效度，两者的相关性可以用于证明不同量表测量的不同构念（Gerson et al., 2017）。皮尔森相关分析结果表明，孤独感和主动非社交使用之间显著相关（$r = 0.168$，$p = 0.000 < 0.001$），且孤独感与主动社交使用显著相关（$r = -0.106$，$p = 0.016 < 0.05$）；孤独感和被动非社交使用之间的相关不显著（$r = -0.010$，$p = 0.826 > 0.05$），与被动社交使用之间相关不显著（$r = -0.055$，$p = 0.214 > 0.05$）。存在显著相关表示主动和被动使用量表显著区别于孤独感量表，展示了良好的判别效度。以上结果表明，本书使用的微信主动和被动使用量表具有良好的信度和效度，可以用于后续研究。

3.4 结果讨论

本书结合微信的独特性（如"公众号"功能），改编了格尔森等（2017）的脸书主动和被动使用量表，并分别进行了探索性因子分析和验证性因子分析以确定和检验微信主动和被动使用的维度及量表。

探索性因子分析结果显示，微信主动和被动使用量表共包含 11 个测量项，分别落到 4 个因子上：主动社交使用、主动非社交使用、被动社交使用和被动非社交使用。主动社交使用因子描述了聊天、点赞或评论等活动，主动非社交使用因子指的是发布照片和视频、更新状态等活动；被动社交使用因子描述了用户浏览朋友圈中好友状态的活动，被动非社交使用因子指的是用户浏览公众号的内容和信息的活动。考虑到社交网络中用户的主动使用行为有助于为平台贡献内容和关系资源（Chen et al., 2014），这也就是说，社交网络主动使用从本质上包含社交（即与其他人互动沟通）和主动（即创造/生成内容）两种形式（Chen et al.，2014；Gerson et al.，2017）。因此，与肖等（2015）的研究一致，本书中主动使用行为包含主动社交使用（互动沟通）和主动非社交使用（内容创造）两种类型。鉴于被动使用指的是社交网络用户单纯地浏览信息和内容的行为（Ding et al.，2017），朋友圈中的信息主要是好友发布的状态［以往研究中又称为社交浏览（Wise et al.，2010）］，而公众号中的信息更集中于知识或消息，因此，被动使用行为包括两个维度：被动社交使用（浏览好友状态）和被动非社交使用（浏览公众号信息）。

验证性因子分析结果证实，微信主动和被动使用测量量表具有良好的信度，且具有与 UCLA 孤独感量表良好的判别效度。结果还显示，主动社交使用因子和主动非社交使用因子之间具有强相关关系，这意味着两个概念的相似性，可以表示主动使用的两个维度。同理，被动社交使用因子和被动非社交使用因子之间的强相关关系也意味着两个概念的相似性，可以表示被动使用的两个维度。而两个主动使用因子和两个被动使用因子之间的中等程度的相关性，可以表示这些因子测量了相关但不同的构念。

3.5 本章小结

本章旨在确定和检验微信用户主动和被动使用行为的维度及其量表。出于这一目的，本书基于脸书主动和被动使用量表、结合微信的独特特征（如"公众号"功能），改编并实证检验了微信主动和被动使用行为量表，最终确定了四种类型的使用行为：主动社交使用、主动非社交使用、被动社交使用和被动非社交使用行为。主动社交使用指的是用户的互动沟通行为，包括聊天、点赞、评论等活动；主动非社交使用指的是内容创造行为，包括发布状态、上传视频或照片等活动；被动社交使用指的是浏览朋友圈中好友状态的行为；被动非社交指的是浏览公众号上信息的行为。

虽然本章确定了微信用户主动和被动使用行为的维度和量表，但是这些不同的维度究竟会对用户的心理和社会关系等方面产生何种影响？又受到哪些因素的影响？其影响机制是什么？是否会受到中国特色文化的影响？此外，主动非社交使用平均频率最低，究竟有哪些因素可能推动用户主动发布状态和照片？这些问题将在后面的章节进行回答，以进一步探索和分析微信主动和被动使用的前因及影响。

第4章

不同类型社交网络使用行为的
影响后果研究

第3章确定了微信主动和被动使用的细分维度，尤其是增加了被动使用的子维度，在此基础上，需要进一步明确微信主动和被动使用的影响，以更清楚地了解微信不同使用行为带来的积极和消极影响。因此，本书以第3章研究结果为基础，根据社会认知理论，探索和分析微信用户主动和被动使用行为的差异化影响，为平台运营商优化服务和改善用户体验提供理论指导。

4.1 引言

社会认知理论认为，个体的行为、社交环境和心理之间存在相互影响（Ji and Jeong，2017）。也就是说，社交网络用户的使用行为会对其社交环境和心理产生影响，例如社会资本、幸福感和抑郁等（Ahmad et al.，2016；Cho，2014；Choi and Kim，2016；Ellison et al.，2007；Ji and Jeong，2017；Kim et al.，2013）。而这些社交环境因素和心理因素也可能会影响用户随后的使用行为。以往关于社交网络主动和被动使用对社会资本（社交环境因素）影响的研究，结论并不一致（Burke et al.，2010；Burke et al.，2011）。

考虑到微信用户之间的强关系特征（Gan，2017），用户使用微信对其社会资本的影响可能不同于其他社交网络平台。此外，研究发现，主动使用社交网络，例如参与互动或者创造内容，对用户的心理健康有积极影响（Frison and Eggermont，2016；Gerson et al.，2017；Verduyn et al.，2017）；而被动浏览社交网络中的好友状态可能会损害用户的心理健康（Ding et al.，2017；Frison and Eggermont，2016）。鉴于微信特殊的公众号功能，微信用户的被动浏览行为并不仅限于以往研究的浏览好友状态（被动社交使用），还包含浏览公众号文章和信息（被动非社交使用），后者可能有助于增加用户的感知信息支持（腾讯，2016），并因而带来有益的社会和心理影响。因此，需要进一步探讨微信主动和被动使用的影响。社交网络主动和被动使用对社会资本、幸福感和抑郁情绪的影响一直是研究重点（Burke et al.，2011；Frison and Eggermont，2016；Verduyn et al.，2017），考虑到微信的具体情境，尚未有研究分析微信用户主动和被动使用对社会资本、幸福感和抑郁情绪的影响。

本书研究的目的是探索微信用户主动和被动使用行为的差异化影响。根据社会认知理论，个体的行为与其心理和社会环境存在相互影响，因此，基于社会认知理论的理论框架和以往相关研究，本书提出了微信主动和被动使用差异化影响的研究模型和相关假设。

4.2　模型及假设

4.2.1　社会资本

社交网络是社会资本累积的一个重要渠道。用户使用社交网络不仅有助于增进彼此之间的了解、建立更深的联系（Liu and Brown，2014），也有助于获取最新的和多样化的信息（Verduyn et al.，2017）。自我表露作为一种典型的主动使用行为，通常表现为聊天互动或发布状态，与桥接型社会资本、粘接型社会资本的累积均积极相关（Liu and Brown，2014）。苏（Su）和陈（Chan，2017）的研究也发现，社交网络的沟通功能（如点赞、评论、私信等）有助于桥接型和粘接型两种社会资本的增加。这些研究表明，社交网络用户的主动使用行为和社会资本的增加密不可分，无论用户选择通过主动社交的方式还是主动非社交的方式使用微信，均可能会积极影响桥接型社会资本和粘接型社会资本。

尽管伯克等（2011）认为，被动使用并不会对社会资本产生任何影响，但科罗列娃等（Koroleva et al.，2011）指出，被动浏览社交网络可以增加社会连接。由于桥接型社会资本多与获取最新消息、增长见识和拓宽视野等方面密切相关（Verduyn et al.，2017）。被动浏览微信朋友圈有助于了解好友的最新动态，而访问和浏览微信公众号也有利于增长知识和获取最新信息（腾讯，2016）。由此，本书认为，微信用户的被动浏览行为仅有助于增加桥接型社会资本。

因此，本书提出以下假设。

H1a：微信用户的主动社交使用行为积极影响桥接型社会资本和粘接型社会资本。

H1b：微信用户的主动非社交使用行为积极影响桥接型社会资本和粘接型社会资本。

H1c：微信用户的被动社交使用行为积极影响桥接型社会资本。

H1d：微信用户的被动非社交使用行为积极影响桥接型社会资本。

4.2.2 在线幸福感和抑郁情绪

主观幸福感指的是人们对自己生活的主观评估（Verduyn et al.，2017）。随着社交网络的普及，越来越多的学者开始关注社交网络使用带来的影响，例如主观幸福感（Ji and Jeong，2017）。当人们体验到满意的生活时，他们就感到了幸福（Huang，2016）。大多数相关研究集中于探索社交网络使用对现实生活的满意度的影响，例如对学校生活的满意度（Ellison et al.，2007）等，仅少数研究从在线社交生活的角度探索了社交网络使用的影响。在线幸福感可以描述为社交网络用户对其在线生活的满意度。黄（Huang，2016）的研究发现，社交网络用户的自我表露行为可能会增加其在线幸福感。虽然以往研究探索了社交网络使用与主观幸福感之间的关系，但结论却并不一致：有研究认为，两者之间积极相关（Valenzuela et al.，2009），但也有研究发现，两者之间并无关系（Verduyn et al.，2015）。威尔杜恩等（2017）指出，造成这种矛盾性结果的原因可能在于大多数研究仅考虑了社交网络总体使用与主观幸福感的关系，忽视了主动和被动使用的不同方式。他们回顾了以往文献并提出了一种推测：主动使用行为可能会通过社会支持或社会资本提高用户的主观幸福感；而被动浏览社交网络可能会造成用户的社会比较心理，从而衍生嫉妒，并降低其主观幸福感。不过，这一推断尚缺乏实证检验。且以往研究主要聚焦于现实生活，尚未探讨社交网络主动和被动使用对用户在线幸福感的影响。

抑郁指的是一种情绪状态，具有失望或沮丧的特征，对个体的判断、认知、态度等多方面产生影响（Ji and Jeong，2017）。抑郁可以定义为个体持续地感到悲伤，并且逐渐失去对从事活动的兴趣的情绪状态，这种状态通常会伴随着厌恶、内疚、烦恼等诸多消极情绪（Ji and Jeong，2017）。抑郁不仅不利于用户的身心健康，而且也会对其社会关系带来消极影响（Frison and Eggermont，2016）。值得注意的是，以往研究关于社交网络使用对抑郁的影响，结论并不一致。吉尔等（Jr et al.，2015）研究发现，社交网络的使用可能引发抑郁。赖特等（Wright et al.，2013）的研究也发现，随着用户在社交网络上花费越来越多的时间，其抑郁水平也会随之上升。但也有一些学者认为，脸书使用和抑郁之间并无显著关系（Jelenchick et al.，2013）。造成这种不一致结论的原因可能是由于用户参与社交网络的方式不同，弗里森和艾格蒙特（2016）证实，青少年主动使用脸书有助于感知更多的社会支持而降低其抑郁情绪，但如果他们被动浏览脸书，抑郁情绪则会增加。不过，他们的研究仅考虑了青少年样本，结果是否可以推广到其他年龄群体尚未得到证实。

根据超人际模型，人们在以计算机为媒介（CMC）的环境中的社交互动会比线下面对面环境中产生更多亲密感（Walther，1996）；而这种亲密感有助于降低个体的抑郁情绪（Grieve et al.，2013）。社交网络用户主动公开发布状态的行为和私密聊天的行为均有助于提升其感知社会支持，并因而降低其抑郁情绪（Frison and Eggermont，2016）。黄（2016）的研究发现，脸书用户的自我表露行为有助于提升其在线幸福感。社交网络用户的自我表露行为通常体现为与好友聊天或者发布状态表达自己的心情和信息，可以视作一种典型的主动使用行为。因此，无论用户选择通过主动社交的方式还是主动非社交的方式使用微信，均可能会降低他们的抑郁情绪和提升在线幸福感。

因此，本书提出以下假设。

H2a：微信用户的主动社交使用行为积极影响在线幸福感。

H2b：微信用户的主动非社交使用行为积极影响在线幸福感。

H3a：微信用户的主动社交使用行为消极影响抑郁情绪。

H3b：微信用户的主动非社交使用行为消极影响抑郁情绪。

根据社会比较理论，当个体评估自我时，通常会将自己与相似的他人进行比较（Festinger，1954）。社交网络是个体实现积极自我呈现的一个重要渠道（Jr et al.，2015），当用户浏览社交网络中的好友动态时，会有很大可能性面对他人积极的自我呈现，这就可能会引发社会比较过程（Frison and Eggermont，2016）。具体来说，他们可能会认为其他人比自己生活得更快乐和幸福，这就容易导致抑郁情绪的增加和幸福感的降低（Ding et al.，2017；Jr et al.，2015）。由此可见，微信用户浏览朋友圈的好友状态很可能会降低其在线幸福感并增加抑郁情绪。微信用户被动浏览公众号文章有助于获取最新信息（腾讯，2016），这可能会增加用户的感知信息支持。感知信息支持是一种典型的感知社会支持，而感知社会支持不仅积极影响个体的在线幸福感（Huang，2016），同时也有助于削弱个体的抑郁情绪（Cheng，1998）。

因此，本书提出以下假设。

H2c：微信用户的被动社交使用行为消极影响在线幸福感。

H2d：微信用户的被动非社交使用行为积极影响在线幸福感。

H3c：微信用户的被动社交使用行为积极影响抑郁情绪。

H3d：微信用户的被动非社交使用行为消极影响抑郁情绪。

4.2.3　持续使用意向

根据社会认知理论，个体的行为会受到社会因素和心理因素的影响（Ji and Jeong，2017）。因此，社会资本（社会因素）和在线幸福感以及抑郁情绪（心理因素）可能会影响后续的行为，例如持续使用意向。以往研究表明，拥有更多桥接型社会资本的用户有利于获得多样化的信息并建立更广泛的关系，对他们来说，社交网络很适合用于扩展社交人脉，因而通常会使用社交网络更频繁（Yoon，2014）。普特南（2000）指出，拥有更多粘接型社会资本的个体可能会获得更多的互惠信任并显示更多的情感依恋，他们往往会倾向于在社交网络中表达更多个人和亲密信息。这也就是说，如果用户可以从微信好友处获得更多信息支持（桥接型社会资本）和情感支持（粘接型社会资本），他们很可能会选择继续使用微信，以更多地表达自己的想法和心情。

根据积极情绪理论，如果人们做某事时产生积极情绪，他们很可能会继续从事这项让他们感到开心的事情（Yin et al.，2015）。因此，当用户从社交网络中获得在线幸福感时，他们可能会受到这种内在鼓励而选择继续使用该社交网络（Huang，2016）。尹等（Yin et al.，2015）认为，消极情绪会显著降低社交网络用户的持续使用意向。抑郁情绪作为一种典型的消极情绪，可能会消极影响用户的持续使用意向。由此，本书提出以下假设。

H4：桥接型社会资本和粘接型社会资本均积极影响微信用户的持续使用意向。

H5：在线幸福感积极影响微信用户的持续使用意向。

H6：抑郁情绪消极影响微信用户的持续使用意向。

图4.1展示了本章的研究模型。

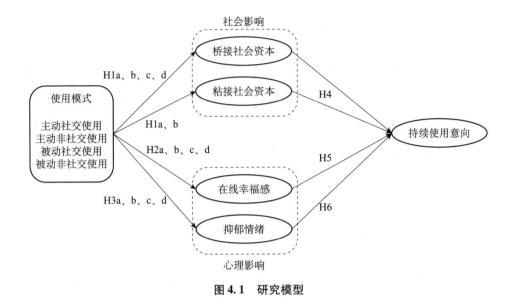

图 4.1　研究模型

4.3　研究设计

4.3.1　问卷设计

本书旨在探讨微信用户主动和被动使用行为的不同影响。考虑到微信的半封闭性和用户被动浏览行为数据的难监测性，本书选取了问卷调查的研究方法获取数据。由于对幸福感、抑郁情绪和持续使用意向等心理变量的测量很难采取客观的他评方法，因此，本书采用自填式量表的方式进行问卷调查。

本书的问卷设计过程与第 3 章 3.2.1 节相似，主要包括以下四个步骤：（1）围绕本书的核心内容对国内外文献进行检索，明确"社会资本""在线幸福感""抑郁情绪""持续使用意向"等主要概念的测量内容，并挑选信度和效度较好、相对比较成熟的测量量表，"微信主动和被动使用"的测量项来自第 3 章中修订的量表。（2）参考以往相关研究中量表的设计，本书测量项均采用七点式李克特量表测量，从"完全不同意 = 1"到"完全同意 = 7"；除了抑郁情绪的测量项采用四点式李克特量表 [很少或没有 = 1 到总是 = 4，参考弗里森和艾格蒙特（2016）的研究］，主动和被动者使用测量项采用五点式量表，询问被试者参与活动的频率，1 = 从未有过（0%）到 5 = 非常频繁（100%）［参考格尔森等（2017）的研究］。（3）由于所采纳的量表原文均为英文，为了确保更好的内容效度，在问卷设计过程中，先采用了翻译—回译法形成初始中文量表，然后邀请了两名消费者行为相关的研究人员对问卷内容进行了反复修改，以保证翻译内容的等价和有效。（4）为了避免量表中存在语境模糊和语意不清晰等问题，本书使用前测方法以进一步改善量表的内容效度。首先，本书邀请相关研究领域的教授试填，并请其针对量表设计的科学性、题项设置的合理性、文字表述的准确性以及在中国情境下的适用性等方面提出意见和建议。其次，参考甘（2017）的研究设计，本书邀请了 10 名有丰富使用经验的微信用户对问卷进行试填。在填写完成后，作者对问卷题项逐一进行解释，答题者可以随时提出存在的疑义，以确保答题者对问题的理解与作者的研究目的相吻合。此外，本书也请他们针对问卷的题项设计和表达清晰易懂性等方面进行了反馈，根据收到的反馈意见，对理解偏差和和语意模糊等问题进行了修正，并对问卷的题项进行了进一步修改，形成最终的问卷。

问卷内容主要包括三个部分：第一部分解释本次问卷调查的目的并表明调查的匿名性和保密性；第二部分为研究主体部分，主要包含微信主动和被动使用、社会资本、在线幸福感、抑郁情绪和持续使用意向等相关题项；第三部分询问了被试者的基本信息和微信使用情况，主要包含性别、年龄、教育程度、微信好友数量、微信使用经验和日均微信使用时间等相关问题（详见附录 B）。

4.3.2　变量测量

本书由九个构念组成：主动社交使用、主动非社交使用、被动社交使用、被动非社交使用、桥接型社会资本、粘接型社会资本、在线幸福感、抑郁情绪和持续使用意向。所有测量项均来源于已有文献的成熟量表，其中，桥接型和粘接型社会资本的测量项改编自苏和陈（2017）的研究，包含 13 个题项；在线幸福感的测量项改编自黄（2016）的研究，包含 4 个题项；抑郁情绪的测量项参考弗里森和艾格蒙特（2016）以及吉尔等（2015）的研究，包含 5 个题项；持续使用意向的测量项改编自黄（2016）的研究，包含 3 个题项。

4.3.3 问卷预调研

本书的调研分为两个阶段。第一阶段是预调研阶段，主要是对问卷的信度和效度进行初步检验，以确定问卷是否需要进一步调整。

本次预调研采用的是网上调查问卷的方式，雇用了一家专业的问卷调研公司（问卷星）对微信用户进行了问卷调查。为了保证问卷数据来源的广泛性，本书并没有限制填写问卷的测试者的人口统计特征和地域。总共发放问卷 146 份，剔除回答时间过短（少于 60 秒）以及所有问题相同分数的无效问卷，保留有效问卷 113 份。

本书通过科尔巴赫阿尔法系数（Cronbach's alpha）系数检验问卷量表的内部一致性。对问卷预调研数据的分析发现，问卷的整体 Cronbach's alpha 系数为 0.953，每个变量的 Cronbach's alpha 系数在 0.790 ~ 0.950，均高于 0.7 的阈值，显示了良好的内部一致性信度（见表 4.1）。

表 4.1　　　　　　　　　　问卷的 Cronbach's alpha 系数

变量	Cronbach's alpha 系数
主动社交使用	0.850
主动非社交使用	0.897
被动社交使用	0.790
被动非社交使用	0.829
桥接型社会资本	0.942
粘接型社会资本	0.950
在线幸福感	0.954
抑郁情绪	0.879
持续使用意向	0.935
总体	0.953

　　本书通过因子分析检验问卷量表的结构效度。KMO 和 Barlett 球形度检验的结果显示，KMO 值为 0.879（明显高于 0.6 的阈值），Barlett 球形度检验的 Sig 值为 0.000，低于 0.05 的显著水平，表明可以进行因子分析。此外，问卷项目的因子载荷处于 0.751 ~ 0.963，高于 0.5 的阈值，且每个变量的累积解释方差均高于 50%，表明了较好的聚合效度（吴明隆，2010）（见表 4.2）。

表 4.2　　　　　　　　　　　　　因子分析结果

变量	测量项	因子载荷	累积解释方差（%）	KMO 值	Barlett 球形度检验的 Sig 值
主动社交使用	AS1	0.867	77.047	0.879	0.000
	AS2	0.872			
	AS3	0.895			
主动非社交使用	ANS1	0.939	83.098		
	ANS2	0.935			
	ANS3	0.858			
被动社交使用	PS1	0.786	70.571		
	PS2	0.883			
	PS3	0.848			
被动非社交使用	PNS1	0.924	85.401		
	PNS2	0.924			
桥接型社会资本	BR1	0.911	76.893		
	BR2	0.917			
	BR3	0.907			
	BR4	0.885			
	BR5	0.871			
	BR6	0.826			
	BR7	0.816			
粘接型社会资本	BO1	0.882	76.206		
	BO2	0.902			
	BO3	0.883			
	BO4	0.828			
	BO5	0.878			
	BO6	0.864			

变量	测量项	因子载荷	累积解释方差（%）	KMO 值	Barlett 球形度检验的 Sig 值
在线幸福感	OWB1	0.937	87.906		
	OWB2	0.937			
	OWB3	0.951			
	OWB4	0.925			
抑郁情绪	DM1	0.787	67.818	0.879	0.000
	DM2	0.876			
	DM3	0.879			
	DM4	0.751			
	DM5	0.817			
持续使用意向	CU1	0.943	89.992		
	CU2	0.963			
	CU3	0.939			

预调研数据的信度和效度检验结果显示，问卷的信度和效度比较理想，可以进行正式调研。

4.3.4 样本与数据收集

第二阶段为正式调研。本书采取了网上调查问卷的方法，该方法在信息系统领域和营销领域已被广泛使用，因为使用网络的用户数量巨大，更容易获得大量的样本数据。本书采用了便利性和滚雪球抽样法，根据腾讯（2015）报告显示，18~35 岁的年轻人是微信的主要用户。因此，本书首先招募了来自中国西南一所大学的 10 个大学生和研究生（年龄在 18~35 岁；微信用户；五位男性和五位女性），要求他们将问卷链接分享到微信群和朋友圈。通过微信群和朋友圈分享问卷链接，一方面保证了被试者为微信用户；另一方面微信群和朋友圈的人群范围更广且更加多样化。本书并没有限制特定的传播对象，以确保样本的随机性和广泛性。本次调查覆盖了重庆、山西、山东、江苏、河北、浙江、广东、河南、黑龙江、湖南等多个省份，全部采取匿名方式填写。为了控制问卷的质量，本书设置了限制：每台设备（计算机/手机）以及同一 IP 地址仅能填写一份问卷。成功填写完问卷的被试者将收到每人 1 元的红包奖励。本书共收集到 320 份问卷，剔除回答时间过短（少于 60 秒）以及所有问题相同分数的无效问卷，本书最终将 295 份有效样本用于后续分析。

本书使用 SPSS 20.0 软件对样本数据进行了描述性统计分析。如表 4.3 所示，样本的基本情况如下，被试者均为微信用户；性别方面，样本包含 147 名男性（49.8%）和 148 名女性（50.2%）；年龄方面，近七成的被试者年龄处于 18~35 岁；教育程度方面，超过八成的参与者是本科及以上学历；微信使用情况方面，过半被试者的微信好友数量 150 人以上，超过 70% 的被试者使用微信已经超过 3 年，过半的被试者每天使用微信的时间超 1 小时。从用户的年龄、微信使用等各方面，本书问卷数据与腾讯（2015、2016）报告的微信用户特征一致，微信用户的年龄主要集中在 18~35 岁，过半的用户每天使用微信超过 1 小时，半数以上用户的微信好友数量高于 100 人。这表明本书的样本数据特征符合目前微信用户发展统计情况，样本具有一定代表性。

表 4.3　　　　　　　　　　　　　样本数据描述性统计信息

变量	题项	频率	百分比（%）
性别	男性	147	49.8
	女性	148	50.2
年龄	<18	5	1.7
	18~25	133	45.1
	26~35	65	22
	36~55	87	29.5
	>55	5	1.7
教育程度	高中及以下	22	7.5
	大专	23	7.8
	本科	149	50.5
	硕士及以上	101	34.2

续表

变量	题项	频率	百分比（%）
微信好友数量	<50	50	16.9
	50~150	94	31.9
	150~300	90	30.5
	300~500	34	11.5
	>500	27	9.2
微信使用经验	<1 年	11	3.7
	1~2 年	65	22
	3~5 年	170	57.6
	>5 年	49	16.6
微信每天使用时间	<10 分钟	15	5.1
	10~30 分钟	50	16.9
	30 分钟~1 小时	65	22
	1~2 小时	84	28.5
	2~4 小时	40	13.6
	>4 小时	41	13.9

4.4 数据分析

本书使用偏最小二乘结构方程模型（PLS - SEM）的方法，对提出的研究模型进行了检验（Chin and Newsted，1999），并利用 Smart PLS 3.2.3 软件来检验测量模型和进行路径分析。之所以选择偏最小二乘结构方程模型，是因为该方法非常适用于样本量较小的情况，样本量只要高于以下两种条件之一，就可以使用 PLS - SEM 方法进行分析：（1）单个概念的最大题项数量的 10 倍；（2）针对结构模型中单个构念的最大路径数量的 10 倍（Hair et al.，2011）。本书中题项最多的构念（社会资本）包含 13 个题项，本书问卷最终样本为 295 个，显著高于最多题项的 10 倍，可以通过 PLS-SEM 进行数据分析。

4.4.1　信效度分析

Cronbach's alpha 有助于评估题项之间的一致性信度，一致性信度反映了调查对象对于同一变量所有题项回答的统一程度。由表 4.4 可知，9 个构念的 Cronbach's alpha 值均高于 0.7，这就意味着，本问卷中 9 个构念的测量结果是可信的，可以满足后续研究需要（Nunnally and Bernstein，1994）。

效度是用来衡量在测量量表在多大程度上反映概念的含义，主要包括收敛效度和判别效度。根据福内尔（Fornell）和拉克尔（Larcker，1981）的观点，评估收敛效度的指标共有三项：（1）所有标准化的因子载荷要大于 0.5 的阈值；（2）组合信度要大于 0.6 的阈值；（3）平均提炼方差要大于 0.5 的阈值。由表 4.4 和表 4.5 可知，测量模型的因子载荷、组合信度和平均提炼方差均达到标准以上，所以本书的测量模型具有良好的收敛效度。

判别效度用来判断一个测量值与其他不同的构念之间相互不关联的程度，通常通过两种方法进行检验（Chin et al.，2003）：首先，每个构念的测量题项落在该构念上的因子载荷高于它们落在其他构念上的交叉载荷；其次，每个构念的平均提取方差的平方根（对角线）大于该构念与其他构念之间的相关系数（非对角元素）。表 4.4 和表 4.5 表明本书中的测量模型具有良好的判别效度。

4.4.2　共同方法偏差和多重共线性分析

共同方法偏差（common method bias）是由于被试者相同的动机、研究背景以及测量背景设定等方面所带来的偏差，会对研究结果产生影响。由于本书所采集的数据来自同一个答题者的自评数据，而且不同答题者对同一个题项的理解可能存在差异。本书使用了两种常见的方法来控制方法偏差。首先，通过保护被试者的匿名性以及减轻评价顾虑的方式以减少共同方法偏差，告知所有被试者其答案都是匿名的、不会外泄，且答案没有对错之分。本书还通过改善量表测量题项来控制方法偏差，例如避免模糊的问题等（Podsakoff et al.，2003）。其次，采用哈曼（Harman）的单因素检验以评估本书是否

表4.4

信度和效度分析

构念	CR	AVE	Cronbach's alpha	ANS	AS	PNS	PS	BO	BR	CU	DM	OMB
ANS	0.93	0.815	0.886	**0.903**								
AS	0.856	0.664	0.747	0.481	**0.815**							
PNS	0.928	0.866	0.846	0.249	0.279	**0.931**						
PS	0.848	0.653	0.733	0.444	0.462	0.51	**0.808**					
BO	0.933	0.7	0.914	0.431	0.531	0.292	0.361	**0.837**				
BR	0.95	0.731	0.938	0.479	0.46	0.362	0.447	0.73	**0.855**			
CU	0.966	0.906	0.948	0.247	0.419	0.185	0.295	0.396	0.474	**0.952**		
DM	0.922	0.703	0.893	0.307	0.221	0.235	0.333	0.15	0.144	-0.093	**0.838**	
OMB	0.928	0.762	0.896	0.5	0.503	0.388	0.448	0.591	0.617	0.402	0.141	**0.873**

注：CR = 组合效度；AVE = 平均提取方差；ANS = 主动非社交使用；AS = 主动社交使用；PNS = 被动非社交使用；PS = 被动社交使用；BO = 粘接型社会资本；BR = 桥接型社会资本；CU = 持续使用意向；DM = 抑郁情绪；OMB = 在线幸福感。

表 4.5　　　　　　　　　　　　　因子载荷

因子	ANS	AS	BO	BR	CU	DM	OMB	PNS	PS
ANS1	0.915	0.436	0.375	0.402	0.209	0.254	0.454	0.189	0.386
ANS2	0.933	0.476	0.398	0.444	0.234	0.286	0.486	0.234	0.434
ANS3	0.859	0.387	0.392	0.45	0.226	0.289	0.412	0.249	0.381
AS1	0.374	0.82	0.476	0.389	0.347	0.151	0.397	0.252	0.328
AS2	0.37	0.85	0.468	0.383	0.35	0.164	0.458	0.217	0.393
AS3	0.44	0.773	0.345	0.353	0.33	0.233	0.371	0.212	0.415
BO1	0.373	0.44	0.814	0.667	0.395	0.061	0.516	0.182	0.331
BO2	0.373	0.43	0.852	0.633	0.334	0.146	0.554	0.286	0.315
BO3	0.374	0.5	0.861	0.668	0.424	0.132	0.537	0.254	0.348
BO4	0.244	0.377	0.774	0.463	0.24	0.179	0.364	0.243	0.181
BO5	0.417	0.481	0.875	0.633	0.304	0.13	0.493	0.206	0.298
BO6	0.355	0.421	0.84	0.564	0.257	0.118	0.468	0.302	0.307
BR1	0.404	0.491	0.601	0.839	0.499	0.123	0.534	0.331	0.417
BR2	0.413	0.38	0.624	0.898	0.421	0.107	0.525	0.288	0.383
BR3	0.43	0.375	0.615	0.906	0.414	0.157	0.529	0.347	0.443
BR4	0.361	0.362	0.636	0.877	0.411	0.078	0.506	0.29	0.396
BR5	0.401	0.352	0.668	0.88	0.414	0.093	0.519	0.28	0.341
BR6	0.398	0.388	0.611	0.805	0.353	0.125	0.531	0.326	0.361
BR7	0.455	0.393	0.614	0.77	0.308	0.173	0.541	0.297	0.323
CU1	0.265	0.399	0.374	0.492	0.95	−0.121	0.414	0.195	0.283
CU2	0.242	0.403	0.378	0.445	0.963	−0.07	0.36	0.174	0.264
CU3	0.193	0.396	0.38	0.41	0.942	−0.07	0.37	0.156	0.294
DM1	0.297	0.191	0.117	0.159	−0.004	0.777	0.18	0.194	0.316
DM2	0.239	0.226	0.199	0.135	−0.088	0.852	0.16	0.207	0.251
DM3	0.258	0.183	0.138	0.097	−0.147	0.908	0.092	0.18	0.271
DM4	0.197	0.179	0.11	0.08	−0.096	0.817	0.031	0.198	0.282
DM5	0.288	0.147	0.067	0.129	−0.058	0.831	0.125	0.207	0.274
OMB1	0.415	0.444	0.481	0.493	0.377	0.108	0.833	0.339	0.395
OMB2	0.456	0.456	0.54	0.574	0.341	0.132	0.898	0.347	0.352
OMB3	0.425	0.414	0.519	0.558	0.369	0.115	0.903	0.343	0.38
OMB4	0.449	0.444	0.521	0.526	0.318	0.138	0.858	0.328	0.441

续表

因子	ANS	AS	BO	BR	CU	DM	OMB	PNS	PS
PNS1	0.207	0.232	0.25	0.293	0.163	0.186	0.352	0.919	0.465
PNS2	0.253	0.283	0.29	0.375	0.181	0.247	0.37	0.942	0.483
PS1	0.292	0.295	0.244	0.232	0.261	0.223	0.267	0.433	0.664
PS2	0.341	0.424	0.302	0.401	0.286	0.271	0.364	0.397	0.875
PS3	0.43	0.391	0.322	0.418	0.19	0.307	0.434	0.429	0.868

注：ANS = 主动非社交使用；AS = 主动社交使用；BO = 粘接型社会资本；BR = 桥接型社会资本；CU = 持续使用意向；DM = 抑郁情绪；OMB = 在线幸福感；PNS = 被动非社交使用；PS = 被动社交使用。

存在共同方法偏差。根据波德萨科夫（Podsakoff）等（2003）的观点，当测量项的大多数方差（超过50%）被第一个因素解释时，会出现共同方法偏差。本书的第一个因子仅解释了15%的方差，远远小于50%，因而共同方法偏差在本书中并不存在。

此外，本书中各个构念之间的相关系数小于0.8，且方差膨胀因子（VIFs）处于1.028～2.452，明显小于5（Hair et al.，2011）。这表明本书不存在多重共线性问题。

4.4.3　结构模型分析

表4.6和图4.2展示了本书结构模型的路径分析结果。结果显示，主动社交使用和主动非社交使用均分别积极影响桥接型社会资本和粘接型社会资本，因此，H1a和H1b均成立。被动社交使用和被动非社交使用显著积极作用于桥接型社会资本，因此，H1c和H1d均成立。

微信主动社交使用和主动非社交使用显著积极影响用户的在线幸福感，因此，H2a和H2b均成立。与预期不一致的是，微信的被动社交使用并未显著影响用户的在线幸福感，因此，H2c不成立。被动非社交使用显著积极推动用户的在线幸福感，因此，H2d成立。

与预期不一致的是，主动社交使用并未显著降低用户的抑郁情绪，而主动非社交使用显著增加用户的抑郁情绪，因此，H3a和H3b均不成立。被动社交使用积极影响个体的抑郁情绪，因此，H3c成立。被动非社交使用并未显著影响微信用户的抑郁情绪，因此，H3d不成立。

表 4.6　　　　　　　　　　　微信主动和被动使用的影响

假设		路径系数	方差	T 值	结果
H1a	AS→ BR	0. 223 ***	0. 059	3. 742	成立
	AS→ BO	0. 389 ***	0. 06	6. 396	
H1b	ANS→ BR	0. 267 ***	0. 05	5. 386	成立
	ANS→ BO	0. 197 ***	0. 057	3. 545	
H1c	PS→ BR	0. 145 *	0. 066	2. 166	成立
	PS→ BO	0. 038	0. 076	0. 429	
H1d	PNS→ BR	0. 159 *	0. 066	2. 446	成立
	PNS→ BO	0. 116	0. 071	1. 654	
H2a	AS→ OMB	0. 133 *	0. 055	2. 456	成立
H2b	ANS→ OMB	0. 169 **	0. 054	3. 118	成立
H2c	PS→ OMB	0. 062	0. 058	1. 036	拒绝
H2d	PNS→ OMB	0. 129 *	0. 056	2. 295	成立
H3a	AS→ DM	0. 031	0. 063	0. 514	拒绝
H3b	ANS→ DM	0. 224 **	0. 075	2. 931	拒绝
H3c	PS→ DM	0. 219 **	0. 072	3. 006	成立
H3d	PNS→ DM	0. 096	0. 067	1. 482	拒绝
H4	BR→ CU	0. 34 ***	0. 082	4. 116	部分成立
	BO→ CU	0. 074	0. 082	0. 875	
H5	OMB→ CU	0. 176 **	0. 062	2. 832	成立
H6	DM→ CU	- 0. 18 ***	0. 053	3. 324	成立

注：（1）AS = 主动社交使用；ANS = 主动非社交使用；PS = 被动社交使用；PNS = 被动非社交使用；BR = 桥接型社会资本；BO = 粘接型社会资本；OMB = 在线幸福感；DM = 抑郁情绪；CU = 持续使用意向。

（2）*** 表示 $p < 0.001$；** 表示 $p < 0.01$；* 表示 $p < 0.05$。

桥接型社会资本显著积极影响持续使用意向，而粘接型社会资本并没有显著积极影响微信用户的持续使用意向，因此，H4 部分成立。在线幸福感和抑郁情绪分别显著积极和消极影响微信用户的持续使用意向，因此，H5 和 H6 均成立。

本书模型解释了桥接型社会资本 35.2% 的方差，解释了粘接型社会资本 33.8% 的方差，解释了在线幸福感 50.4% 的方差，解释了抑郁情绪 14% 的方差，解释了持续使用意向 27.6% 的方差。

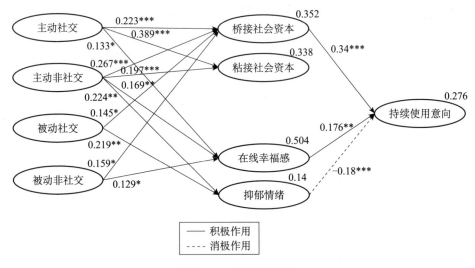

图 4.2 路径分析结果

注：*** 表示 p < 0.001；** 表示 p < 0.01；* 表示 p < 0.05。

4.4.4 补充性分析

4.4.4.1 中介作用检验

为了更深入地探索和分析微信用户主动和被动使用的影响过程，本书还进一步检验了其与持续使用意向之间的关系，以及社会因素和心理因素的中介作用。根据秦（Chin，2010）和尼兹尔（Nitzl）等（2016）的观点，本书使用两步骤法对社会资本、在线幸福感和抑郁情绪在微信主动和被动使用与持续使用意向之间的中介作用进行了检验。首先对包含直接和间接路径的模型进行了抽样为 1000 的 Bootrapp 分析，通过 Bootstapp 计算出直接路径和间接路径的结果。第一步，根据 Percentile bootstrap 及 Bias bootstrap 置信区间是否包含 0，来判断对应的间接效应是否显著；第二步，估计直接作用是否显著，从而判断是何种中介作用（部分中介或完全中介）（Zhao et al.，2010）。

根据表 4.7 可知，对于主动社交使用与持续使用意向之间的间接效应，仅桥接型社会资本作为中介变量时作用显著（β = 0.071，t = 2.552，p < 0.05），同时在 95% 置信水平下，Bias-Corrected 方法及 Percentile 方法置信

区间均不包含 0，说明间接作用显著。主动社交使用→持续使用意向的直接效应为 β = 0.261，t = 4.052，p < 0.001，说明直接效应显著。因此，桥接型社会资本是主动社交使用于持续使用意向之间正向关系的部分中介变量。

表 4.7　　　　　　　　　　　　中介作用的结果

路径	标准化系数	方差	T 值	Percentile 95% CI		Bias – Corrected 95% CI	
				Lower	Upper	Lower	Upper
直接作用							
AS→ CU	0.261***	0.064	4.052	0.128	0.377	0.13	0.387
ANS→ CU	− 0.049	0.067	0.707	− 0.179	0.084	− 0.192	0.084
PS→ CU	0.105	0.069	1.516	− 0.032	0.23	− 0.017	0.24
PNS→ CU	− 0.03	0.069	0.408	− 0.147	0.092	− 0.174	0.094
间接作用							
AS→ BR → CU	0.071*	0.027	2.552	0.026	0.131	0.027	0.136
ANS→ BR → CU	0.086**	0.028	3.096	0.04	0.145	0.04	0.153
PS→ BR → CU	0.045	0.025	1.733	0.004	0.104	0.003	0.096
PNS→ BR → CU	0.05*	0.023	2.21	0.012	0.104	0.013	0.1
AS→ BO → CU	− 0.002	0.036	0.062	− 0.08	0.064	− 0.077	0.063
ANS→ BO → CU	0	0.02	0.061	− 0.039	0.043	− 0.039	0.038
PS→ BO → CU	− 0.001	0.007	0.027	− 0.017	0.013	− 0.016	0.013
PNS→ BO → CU	0.001	0.011	0.059	− 0.018	0.03	− 0.018	0.027
AS→ OMB → CU	0.013	0.011	1.179	− 0.002	0.043	− 0.003	0.048
ANS→ OMB → CU	0.017	0.014	1.21	− 0.003	0.053	− 0.004	0.055
PS→ OMB → CU	0.006	0.008	0.72	− 0.003	0.033	− 0.002	0.034
PNS→ OMB → CU	0.013	0.011	1.174	− 0.002	0.042	− 0.003	0.041
AS→ DM→ CU	− 0.007	0.016	0.469	− 0.04	0.024	− 0.041	0.022
ANS→ DM→ CU	− 0.05*	0.021	2.349	− 0.098	− 0.016	− 0.099	− 0.012
PS→ DM→ CU	− 0.051*	0.023	2.138	− 0.098	− 0.012	− 0.101	− 0.014
PNS→ DM→ CU	− 0.021	0.015	1.515	− 0.052	0.005	− 0.057	0.004

注：（1）AS = 主动社交使用；ANS = 主动非社交使用；PS = 被动社交使用；PNS = 被动非社交使用；CU = 持续使用意向；BR = 桥接型社会资本；BO = 粘接型社会资本；OMB = 在线幸福感；DM = 抑郁情绪。

（2）*** 表示 p < 0.001；** 表示 p < 0.01；* 表示 p < 0.05。

对于主动非社交使用与持续使用意向之间的间接效应，仅桥接型社会资本和抑郁情绪作为中介变量时作用显著（$\beta = 0.086$，$t = 3.096$，$p < 0.01$；$\beta = -0.05$，$t = 2.349$，$p < 0.05$），同时在95%置信水平下，Bias - Corrected 方法及 Percentile 方法置信区间均不包含0，说明间接效应显著。主动非社交使用→持续使用意向的直接效应为 $\beta = -0.049$，$t = 0.707$，$p > 0.5$，说明直接效应不显著。因此，桥接型社会资本是主动非社交使用与持续使用意向之间正向关系的完全中介变量，抑郁情绪是主动非社交使用与持续使用意向之间负向关系的完全中介变量。

对于被动社交使用与持续使用意向之间的间接效应，仅抑郁情绪作为中介变量时作用显著（$\beta = -0.051$，$t = 2.138$，$p < 0.05$），同时在95%置信水平下，Bias - Corrected 方法及 Percentile 方法置信区间均不包含0，说明间接效应显著。被动社交使用→持续使用意向的直接效应为 $\beta = 0.105$，$t = 1.516$，$p > 0.5$，说明直接效应不显著。因此，抑郁情绪是被动社交使用与持续使用意向之间负向关系的完全中介变量。

对于被动非社交使用与持续使用意向之间的间接效应，仅桥接型社会资本作为中介变量时作用显著（$\beta = 0.05$，$t = 2.21$，$p < 0.05$），同时在95%置信水平下，Bias - Corrected 方法及 Percentile 方法置信区间均不包含0，说明间接效应显著。被动非社交使用→持续使用意向的直接效应为 $\beta = -0.03$，$t = 0.408$，$p > 0.5$，说明直接效应不显著。因此，桥接型社会资本是被动非社交使用与持续使用意向之间正向关系的完全中介变量。

4.4.4.2　数据可靠性检验

为了进一步验证本书中收集的问卷数据结果的有效性和可靠性，本书将问卷数据与全国代表性样本大数据的结果进行了分析和对比。由于全国代表性样本数据中仅包含了社交网络使用，没有涉及不同的使用方式（主动或者被动），本书仅通过检验社交网络使用对社会性变量和心理性变量的影响来对比问卷数据和全国性数据的结果。

（1）数据来源。本书使用的全国代表性样本大数据来自由北京大学中国社会科学调查中心（ISSS）调查和公开发布的中国家庭追踪调查（China family panel studies，CFPS）。该调查从 2010 年正式开始，两年一次，跟踪收集了来自个体、家庭、社区三个层次的全国代表性样本数据。CFPS 样本数据覆盖了全国 31 个省（区、市）中的 25 个省（区、市），具有全国代表性。CFPS 调查问卷共有四种主体问卷类型，分别为社区问卷、家庭问卷、个人问卷（成人问卷和少儿问卷），其中，与本书密切相关的问卷来自个人问卷（成人问卷）和家庭问卷。至今为止，CFPS 公开发布的数据共计四次，分别是 2010 年、2012 年、2014 年和 2016 年。根据本书的所用变量的指标要求，仅 2016 年的数据包含了所有的变量所需问项，因此，本书仅选取了该年份的截面数据进行分析。

（2）变量选取和处理。本部分研究主要目的是通过分别检验社交网络使用对社会变量和心理变量的影响，对比问卷数据和全国代表性大数据结果的一致性。由于本书中包含的变量涉及个人和家庭两个层面，本书利用 STATA 13.0 的合并指令将 CFPS 2016 成人问卷数据和 CFPS 2016 家庭问卷数据进行了横向合并，便于后续的变量处理及数据检验，横向合并后，样本规模为 33244 人。

①解释变量：社交网络使用。本书中，解释变量"社交网络使用"主要衡量的是个体使用社交网络的基本情况，因此，本书选择了"使用互联网社交的频率（次）"这一指标代表社交网络使用变量。具体的问题为"一般情况下，您使用互联网络进行社交活动（如聊天、发微博等）的频率有多高？"，共分为 1~7 个等级，其中，1 表示几乎每天，7 表示从不①。在剔除社交网络使用这一题项的缺失值后，保留有效样本 14553 人，用于后续分析。

②被解释变量：社会影响。在前面的研究中，本书主要从社会资本方面检验了社交网络使用对个体社会关系带来的影响。社会资本主要由个体的社

---

① 为了与本书问卷的测量题项相对应，将"使用互联网进行社交的频率"中"7 = 从不"转换为"1 = 从不"，其他等级也依次进行反向编码。

会关系网络以及内嵌在这个关系网络中的资源组成（Portes，1998），本书参考了以往相关研究，主要通过社会网络（人情往来）和信任两个方面反映个体的社会资本情况（秦海林等，2019；周广肃等，2014）。本书选取了"人情礼支出（元）"和"礼物礼金总收入（元）"两个题项代表人情往来，回答区间分别在 0~1 000 000 元和 0~4 000 000 元。选择人情往来的原因是由于该指标是社会网络这种关系型社会资本的关键代表指标（秦海林等，2019；周广肃等，2014）。本书还选取了"对父母的信任度""对邻居的信任度"和"对陌生人的信任度"三个题项代表信任，共分为 0~10 个等级，其中，0 表示非常不信任，10 表示非常信任。

关于人情往来，本书参考了周广肃等（2014）的研究，首先将礼金收入和人情支出进行了合并，得到当年人情往来的总数量；其次为了便于数据处理并减少异方差，本书对其进行了对数处理，得到最终的人情往来测量。此外，关于社会资本的综合测量，由于社会资本变量包含两个指标，每个指标又包含不同的题项，本书参考秦海林等（2019）研究中的多指标情况下变量处理方法对社会资本变量进行了处理。参照秦海林等（2019）的研究，本书将社会资本的测量细分为目标层、准则层和方案层，其中，目标层为社会资本，准则层和方案层分别为二级指标和一级指标（见表 4.8）。

表 4.8 社会资本综合测量结果

目标层	准则层	一级指标权重	方案层	均值	标准差	二级指标权重
社会资本（social capital）	社会网络（social network）	0.580	人情往来（元）	0.583	0.159	
	信任（trust）	0.420	对父母的信任度	0.962	0.100	0.081
			对邻居的信任度	0.656	0.207	0.081
			对陌生人的信任度	0.241	0.210	0.081

注：表格中的均值与标准差均为标准化之后的数据，非原始数据。

a. 根据不同的指标属性（如正向指标和负向指标）对一级指标进行标准化。本书选择的指标均为正向指标，因而均采取正向标准化处理。例如，

"对父母的信任度"代表了一个典型的正向指标，个体对父母的信任度越高，其信任程度越高。具体的标准化处理方式如下。

正向标准化处理方式为：

$$x_{ij} = [u_{ij} - \min(u_{ij})] / [\max(u_{ij}) - \min(u_{ij})] \tag{4.1}$$

其中，u_{ij} 代表的是二级指标中第 i 个一级指标对应的第 j 个原始数据；x_{ij} 代表的是二级指标中第 i 个一级指标对应的第 j 个标准化数据。

b. 计算变异系数。变异系数的计算公式为：

$$V_i = S_i / \bar{X}_1 \tag{4.2}$$

其中，V_i 代表的是二级指标中第 i 个一级指标的变异系数；S_i 和 $\bar{X}_i$ 分别代表的是二级指标中第 i 个一级指标的标准差和均值。

c. 将变异系数进行归一化处理。具体而言，就是分别计算每个二级指标中各个一级指标的权重。具体的计算公式为：

$$w_i = V_i / \sum_{i=1}^{n} V_i \tag{4.3}$$

其中，w_i 代表的是二级指标中第 i 个一级指标的权重；n 为该二级指标中一级指标的数量。

d. 计算二级指标的综合测量。以信任为例（trust），具体的计算公式为：

$$trust_i = \sum u_{ij} \times w_i \tag{4.4}$$

其中，u_{ij} 代表的是二级指标中第 i 个一级指标对应的第 j 个原始数据；w_i 代表的是二级指标中第 i 个一级指标的权重。

e. 重复上述四个步骤，继续计算目标层社会资本的测量，在进行对数处理之后，以得到最终社会资本变量的综合测量（social capital）。具体结果如表 4.8 所示。

③被解释变量：心理影响。在前面的研究中，本书主要从幸福感和抑郁情绪两个方面检验了社交网络使用对个体带来的心理影响。因此，本书主要选取可以代表"幸福感"和"抑郁情绪"的关键指标。

根据以往研究，幸福感主要包括认知幸福感（生活满意度）和情感幸福感（感到快乐）两个方面（Kross et al.，2013）。因此，本书选取了"对自己生活满意度"这一题项代表认知幸福感，共分为 1~5 个等级，其中，1 表示很不满意，5 表示非常满意。本书还选取了"我生活快乐"这一题项代表情感幸福感，该问题主要衡量了过去一周内这种感受出现的频率，共分为 1~4 个等级，其中，1 表示几乎没有（不到一天），4 表示大多时候有（5~7 天）。

由于幸福感变量包含了两个指标，本书参考了秦海林等（2019）研究中的多指标情况下变量处理方法对幸福感变量进行了处理，最终得到幸福感的综合测量（wellbeing）。具体处理方法同前面社会资本变量的处理方法，结果如表 4.9 所示。

表 4.9　　　　　　　　　　　　　幸福感综合测量结果

目标层	准则层	方案层	均值	标准差	一级指标权重
幸福感（wellbeing）	认知幸福感（cognitiveWB）	对自己生活满意度	0.635	0.256	0.500
	情感幸福感（affectiveWB）	生活快乐	0.709	0.286	0.500

注：表格中的均值与标准差均为标准化之后的数据，非原始数据。

为了与本书问卷的测量题项相对应，从 CFPS 2016 中选取了相同的 5 个题项："我觉得沮丧，即使有家人和朋友的帮助也不管用""我感到情绪低落""我感到悲伤难过""我感到孤独""我感到害怕"，主要衡量过去一周内这种感受出现的频率，共分为 1~4 个等级，其中，1 表示几乎没有（不到一天），4 表示大多时候有（5~7 天）。

其中，由于抑郁情绪变量包含了 5 个指标，本书参考了秦海林等（2019）研究中的多指标情况下变量处理方法对抑郁情绪变量进行了处理，最终得到抑郁情绪的综合测量（depress）。具体处理方法同前面社会资本变量的处理方法，由于抑郁情绪综合测量最终得到的最大值和最小值已经很小，本书没有进行最终的对数处理，具体结果如表 4.10 所示。

表 4.10   抑郁情绪综合测量结果

目标层	方案层	均值	标准差	一级指标权重
抑郁情绪 （depress）	我觉得沮丧，即使有家人和朋友的帮助也不管用	0.116	0.198	0.048
	我感到情绪低落	0.179	0.208	0.048
	我感到悲伤难过	0.121	0.187	0.048
	我感到孤独	0.103	0.193	0.048
	我感到害怕	0.081	0.169	0.048

注：表格中的均值与标准差均为标准化之后的数据，非原始数据。

④控制变量。通过对比本书问卷和 CFPS 全国代表性样本的人口统计信息，并遵循以往文献的传统，本书选取了性别、年龄和学历作为控制变量。

（3）描述性统计分析。本书通过使用 STATA 13.0 对以上变量进行了描述性统计分析，具体结果如表 4.11 所示。

表 4.11   描述性统计信息

变量	名称	样本	均值	标准差	最小值	最大值
社交网络使用	SNSuse	14553	2.142	1.928	1	7
社会资本	social capital	2701	1.776	0.140	1.093	2.089
幸福感	wellbeing	14551	1.174	0.258	0	1.504
抑郁情绪	depress	1967	0.328	0.101	0.241	0.965
性别（男 =1）	gender	14550	0.526	0.499	0	1
年龄	age	14550	33.799	11.987	16	89
学历（1 = 文盲/半文盲；8 = 博士）	edu	13796	3.557	1.286	1	8

（4）实证分析。本书旨在通过对比本书问卷调查数据结果和 CFPS 全国代表性样本数据结果的一致性，检验本书问卷数据的可靠性。因此，本书分别对问卷数据和 CFPS 2016 数据进行了实证分析，并且分别对比了社交网络使用的社会和心理影响的结果一致性。

①社交网络使用与社会性变量。考虑到被解释变量（社会资本）均为连续型变量，本书采用 OLS 线性回归的方法对其进行检验。具体模型如下：

$$social\ capital_i = \beta_0 + \beta_1 SNSuse_i + \beta_2 control\ variables_i + \varepsilon_i \qquad (4.5)$$

其中，$social\ capital_i$ 为个体 i 的社会资本；$SNSuse_i$ 为个体 i 的社交网络使用情况；control variables$_i$ 为控制变量（性别、年龄、学历）；ε_i 为误差项。

a. 问卷数据检验。本书对社交网络使用和社会资本之间的关系进行了检验，并且考虑了性别、年龄、学历作为控制变量。由于本书问卷主要测量了不同的社交网络使用行为（即主动和被动使用），而且主动和被动使用对用户的社会资本均存在一定程度的正向影响，本书将主动和被动使用行为的总和代表个体使用社交网络的基本情况。本书使用 SPSS 20.0 对问卷数据进行分析，考虑到截面数据产生的异方差问题，为了消除异方差的影响，本书还采用了加权最小二乘法回归（weighted least square，WLS）进行了再次检验，回归结果与 OLS 回归一致（见表 4.12），表明了回归结果的稳健性。

表 4.12   **社会变量的 OLS 和 WLS 回归结果**

解释变量	被解释变量（social capital）	
	问卷数据 OLS	问卷数据 WLS
社交网络使用（SNSuse）	1.071 *** (12.859)	1.058 *** (13.861)
性别（gender）	0.058 (0.539)	0.043 (0.423)
年龄（age）	0.050 (0.881)	0.042 (0.744)
学历（edu）	− 0.182 (− 2.965)	− 0.165 (− 2.900)
C	1.712 (3.931)	1.747 (4.207)
R^2	0.367	0.405
N	295	295

注：（1）（ ）内为 T 值。

（2）*** 表示 $p < 0.001$；** 表示 $p < 0.01$；* 表示 $p < 0.05$。

关于多重共线性的问题，各个自变量之间的相关系数小于 0.3，且方差膨胀因子（VIFs）处于 1.019 ~ 1.088，明显小于 5（Hair et al., 2011），这表明不存在多重共线性问题。

b. CFPS 数据检验。考虑到截面数据可能产生的异方差，并且为了使回归结果更加稳健，通过使用 STATA 13.0 软件，本书采用 OLS + 稳健标准误回归模型检验社交网络使用对社会资本的影响。根据怀特（White，1980）的研究，采取稳健标准误的回归方法对于无论是否存在异方差的情况，均可以有效地保证回归结果的稳健性。表 4.13 报告了 CFPS 数据的基本回归结果。

表 4.13　　问卷数据和 CFPS 2016 数据社会变量回归结果

解释变量	被解释变量（social capital）	
	问卷数据 OLS	CFPS 数据 OLS + 稳健标准误
社交网络使用（SNSuse）	1.071 *** (12.859)	0.004 ** (2.58)
性别（gender）	0.058 (0.539)	0.004 (0.78)
年龄（age）	0.050 (0.881)	0.001 (5.69)
学历（edu）	−0.182 (−2.965)	0.013 (6.32)
C	1.712 (3.931)	1.69 (135.57)
R^2	0.367	0.027
N	295	2586

注：（1）（　）内为 T 值。

（2）*** 表示 $p < 0.001$；** 表示 $p < 0.01$；* 表示 $p < 0.05$。

关于多重共线性的问题，各个自变量之间的相关系数小于 0.3，且方差膨胀因子（VIFs）处于 1.01 ~ 1.11，明显小于 5（Hair et al.，2011），这表明不存在多重共线性问题。

从表 4.13 中的结果可以看出，关于社交网络使用对个体的社会性影响，无论是问卷数据还是 CFPS 2016 数据的分析结果，均显示了一致的显著性。具体而言，关于社交网络使用对社会资本的影响，两组数据均显示一致的显著积极影响，问卷数据结果和全国代表性样本大数据结果的一致性进一步证实了本书结果的有效性和可靠性。

②社交网络使用和心理性变量。考虑到被解释变量（幸福感和抑郁情绪）均为连续型变量，本书采用 OLS 线性回归的方法对两者进行检验。具体模型如下：

$$\text{wellbeing}_i = \beta_0 + \beta_1 \text{SNSuse}_i + \beta_2 \text{control variables}_i + \varepsilon_i \qquad (4.6)$$

$$\text{depress}_i = \beta_0 + \beta_1 \text{SNSuse}_i + \beta_2 \text{control variables}_i + \varepsilon_i \qquad (4.7)$$

其中，wellbeing$_i$ 为个体 i 的幸福感；depress$_i$ 为个体 i 的抑郁情绪；SNSuse$_i$ 为个体 i 的社交网络使用情况；control variables$_i$ 为控制变量（性别、年龄、学历），ε_i 为误差项。

a. 问卷数据检验。本书分别对社交网络使用与幸福感和抑郁情绪之间的关系进行了检验，并且以性别、年龄、学历作为控制变量。由于本书问卷主要测量了不同的社交网络使用行为（即主动和被动使用），而且主动和被动使用对用户的幸福感和抑郁情绪均存在一定程度的正向影响，本书将主动和被动使用行为的总和代表个体使用社交网络的基本情况。本书使用 SPSS 20.0 对问卷数据进行 OLS 回归分析。考虑到截面数据产生的异方差问题，为了消除异方差的影响，本书还采用了加权最小二乘法回归（WLS）进行了再次检验，回归结果与 OLS 回归一致（见表 4.14），表明了回归结果的稳健性。

表 4.14　　　　　　　　　　　心理变量的 OLS 和 WLS 回归结果

解释变量	被解释变量			
	幸福感（wellbeing）	幸福感（wellbeing）	抑郁情绪（depress）	抑郁情绪（depress）
	问卷数据 OLS	问卷数据 WLS	问卷数据 OLS	问卷数据 WLS
社交网络使用（SNSuse）	1.083 *** (13.505)	1.083 *** (13.505)	0.418 *** (7.345)	0.430 *** (7.659)
性别（gender）	0.129 (1.255)	0.129 (1.255)	0.195 (2.673)	0.136 (1.944)
年龄（age）	0.155 (2.810)	0.155 (2.810)	−0.105 (−2.695)	−0.097 (−2.675)
学历（edu）	−0.070 (−1.190)	−0.070 (−1.190)	−0.002 (−0.047)	0.012 (0.280)
C	1.083 (13.505)	0.519 (1.239)	0.593 (1.992)	0.582 (2.070)
R^2	0.389	0.389	0.179	0.182
N	295	295	295	295

注：（1）（）内为 T 值。

（2）*** 表示 $p < 0.001$；** 表示 $p < 0.01$；* 表示 $p < 0.05$。

关于多重共线性的问题，各个自变量之间的相关系数小于 0.3，且方差膨胀因子（VIFs）处于 1.019 ~ 1.088，明显小于 5（Hair et al.，2011），这表明不存在多重共线性问题。

b. CFPS 数据检验。

考虑到截面数据可能产生的异方差，并且为了使回归结果更加稳健，通过使用 STATA 13.0 软件，本书采用 OLS + 稳健标准误回归模型检验社交网络使用对幸福感和抑郁情绪的影响。表 4.15 报告了 CFPS 数据的基本回归结果。

表 4.15　　　　　问卷数据和 CFPS 2016 数据心理变量回归结果

解释变量	被解释变量			
	幸福感 （wellbeing）	幸福感 （wellbeing）	抑郁情绪 （depress）	抑郁情绪 （depress）
	问卷数据 OLS	CFPS 数据 OLS + 稳健标准误	问卷数据 OLS	CFPS 数据 OLS + 稳健标准误
社交网络使用 （SNSuse）	1.083 *** （13.505）	0.004 ** （2.910）	0.418 *** （7.345）	0.000 （0.180）
性别（gender）	0.129 （1.255）	0.000 （0.800）	0.195 （2.673）	−0.000 （−1.860）
年龄（age）	0.155 （2.810）	−0.028 （−6.440）	−0.105 （−2.695）	−0.033 （−7.020）
学历（edu）	−0.070 （−1.190）	0.015 （8.860）	−0.002 （−0.047）	−0.005 （−2.740）
C	1.083 （13.505）	1.138 （119.260）	0.593 （1.992）	0.376 （36.800）
R^2	0.389	0.011	0.179	0.034
N	295	13796	295	1874

注：（1）（　）内为 T 值。

（2）*** 表示 p < 0.001；** 表示 p < 0.01；* 表示 p < 0.05。

此外，关于多重共线性的问题，各个自变量之间的相关系数小于 0.3，且方差膨胀因子（VIFs）处于 1.01 ~ 1.14，明显小于 5（Hair et al.，2011）。这表明不存在多重共线性问题。

由表 4.15 可知，社交网络使用对用户幸福感的显著积极影响在问卷数据和 CFPS 数据中均得到验证，但是，在对抑郁情绪的影响方面，两者结果的显著性存在不一致的情况。这可能是由于本书问卷样本和 CFPS 2016 全国性样本存在一定差异，本书样本主要是针对微信用户，而即使在对 CFPS 2016 样本筛选后（根据社交网络使用的题项），也无法保证样本均为微信用户。筛选后 CFPS 全国性样本的平均年龄在 37 岁左右，而根据腾讯（2015）报告显示，绝大多数（86.2%）的微信用户年龄在 18～35 岁。另一个原因可能在于解释变量测量的差异，本书问卷的问题项是关于用户主动和被动使用的情况，而 CFPS 2016 中并没有对此进行区分。

不过，考虑到抑郁情绪指的是一种低迷的情绪状态（Ji and Jeong，2017），本书从问卷和 CFPS 2016 中分别提取了一个与抑郁情绪直接相关的问题，从问卷中选取了"我感到不开心或沮丧"、从 CFPS 2016 选取了"我感到情绪低落"这一问题代表抑郁情绪变量（depress1），对社交网络使用和抑郁情绪之间的关系进行了再次检验。两者的回归结果保持了一致性，结果如表 4.16 所示。此外，各个自变量之间的相关系数小于 0.3，且方差膨胀因子（VIFs）处于 1.01～1.11，明显小于 5（Hair et al.，2011），这表明不存在多重共线性问题。

表 4.16　　　　　问卷数据和 CFPS 2016 数据心理变量回归结果

解释变量	被解释变量			
	幸福感（wellbeing）	幸福感（wellbeing）	抑郁情绪（depress 1）	抑郁情绪（depress 1）
	问卷数据 OLS	CFPS 数据 OLS + 稳健标准误	问卷数据 OLS	CFPS 数据 OLS + 稳健标准误
社交网络使用（SNSuse）	1.083 *** (13.505)	0.004 ** (2.910)	0.390 *** (5.869)	0.009 ** (2.800)
性别（gender）	0.129 (1.255)	0.000 (0.800)	0.164 (1.925)	0.000 (−0.830)
年龄（age）	0.155 (2.810)	−0.028 (−6.440)	−0.068 (−1.494)	−0.109 (−9.200)
学历（edu）	−0.070 (−1.190)	0.015 (8.860)	0.055 (1.120)	−0.024 (−5.220)
C	1.083 (13.505)	1.138 (119.260)	0.532 (1.531)	1.833 (70.510)
R^2	0.389	0.011	0.126	0.009
N	295	13796	295	13796

注：（1）（ ）内为 T 值。

（2）*** 表示 $p < 0.001$；** 表示 $p < 0.01$；* 表示 $p < 0.05$。

通过以上结果可以看出，关于社交网络使用的心理影响（幸福感和抑郁情绪），无论是问卷数据还是 CFPS 2016 数据的分析结果，均显示了一致的显著性。具体而言，无论是社交网络使用对抑郁情绪还是幸福感的影响，两组数据均显示基本一致的显著积极影响，问卷数据结果和全国代表性样本大数据结果的基本一致性进一步证实了本书结果的稳健性和可靠性。

③CFPS 数据的内生性检验和稳健性检验。本部分研究的重点在于检验在社交网络使用对社会性和心理变量的影响，在控制了相同的变量（性别、年龄和学历）后，问卷数据结果是否和全国性样本大数据结果一致，在此没有考虑其他变量的影响。再者，本书模型假定社交网络使用与社会变量以及心理变量之间存在相互影响，这在前面的结构模型分析以及中介效应检验中也得到证实。由于本书问卷数据仅针对社交网络使用变量、社会以及心理变量，关于其他遗漏变量的问题以及互为因果的问题，将在未来研究中进行更深入的分析。不过，考虑到解释变量和被解释变量存在的双向因果关系和遗漏变量带来的内生性问题，本书还是采用工具变量法对 CFPS 数据进行内生性检验，以进一步验证回归结果的有效性。

根据工具变量的选择标准：一是工具变量和解释变量明显相关（相关性）；二是工具变量和被解释变量并不直接相关或者不存在反向因果关系（外生性）。本书中，内生解释变量为"社交网络使用"，而影响社交网络使用的因素，除了个人的年龄、性别、教育水平等，本书还加入"互联网对获取信息的重要性"这一外生变量作为工具变量。主要基于以下两点原因：一是互联网获取信息的重要性和个体使用互联网进行社交的频率有一定的相关性（如关于社交网络好友的相关信息等），认为互联网获取信息更重要的人可能使用互联网进行社交的频率更高；二是社会资本、幸福感和抑郁情绪很难直接反作用于互联网获取信息的重要性，具备外生性。

表 4.17 和表 4.18 报告了社交网络使用影响社会资本、幸福感和抑郁情绪的工具变量两阶段估计和 IVRegress 回归结果。在进行两阶段工具变量回归时，第一阶段回归的 F 统计量分别为 62.439（社会资本）、464.884（幸福感和抑郁情绪），均明显高于临界值 10，因而不存在弱工具变量问题，且 p 值

均为 0.0000，通过了内生性检验（秦海林等，2019），表明选取工具变量"互联网对获取信息的重要性"对内生解释变量"社交网络使用"有较强的解释力。由表 4.17 和表 4.18 可知，加入"互联网获取信息的重要性"的工具变量后，社交网络使用①对社会资本、幸福感和抑郁情绪的影响仍然保持显著，且正向影响均有所提升（系数变大），其他控制变量系数变化不大，说明社交网络使用对社会资本、幸福感和抑郁情绪的正向影响是稳健的。

表 4.17　　　　　　　**CFPS 2016 数据社会变量的 2SLS 回归结果**

解释变量	被解释变量（social capital）	
	CFPS 数据 OLS + 稳健标准误	CFPS 数据 IVRegress + 稳健标准误
社交网络使用（SNSuse）	0.004 ** （2.58）	0.036 *** （3.530）
性别（gender）	0.004 （0.78）	0.003 （5.330）
年龄（age）	0.001 （5.69）	0.009 （1.510）
学历（edu）	0.013 （6.32）	0.007 （2.250）
F 统计量		62.439
Wald 内生性检验 p 值		0.0000
number	2586	2586

注：（1）OLS + 稳健标准误（）内为 T 值，IVRegress + 稳健标准误（）内为 z 值。
（2）*** 表示 $p < 0.001$；** 表示 $p < 0.01$；* 表示 $p < 0.05$。

由于本部分补充性分析中的可靠性检验是为了通过对比本书问卷数据和全国代表性样本大数据的结果，以进一步论证研究结论的可靠性和稳健性，故而没有对 CFPS 数据进行再次稳健性检验。

---

① 为了与工具变量相对应，将"使用互联网进行社交的频率"中"7 = 从不"转换为"1 = 从不"，其他等级也依次进行反向编码。

表 4.18　　　　**CFPS 2016 数据心理变量的 2SLS 回归结果**

解释变量	被解释变量			
	幸福感 （wellbeing）	幸福感 （wellbeing）	抑郁情绪 （depress 1）	抑郁情绪 （depress 1）
	CFPS 数据 OLS + 稳健标准误	CFPS 数据 IVRegress + 稳健 标准误	CFPS 数据 OLS + 稳健标准误	CFPS 数据 IVRegress + 稳健 标准误
社交网络使用 （SNSuse）	0.004 ** （2.910）	0.044 *** （6.580）	0.009 ** （2.800）	0.035 * （2.170）
性别（gender）	0.000 （0.800）	0.002 （5.480）	0.000 （-0.830）	0.001 （0.800）
年龄（age）	-0.028 （-6.440）	-0.023 （-5.010）	-0.109 （-9.200）	-0.105 （-8.780）
学历（edu）	0.015 （8.860）	0.007 （3.120）	-0.024 （-5.220）	-0.030 （-5.170）
F 统计量		464.884		464.884
Wald 内生性 检验 p 值		0.000		0.000
N	13796	13796	13796	13796

注：（1）OLS + 稳健标准误（）内为 T 值，IVRegress + 稳健标准误（）内为 z 值。

（2）*** 表示 $p < 0.001$；** 表示 $p < 0.01$；* 表示 $p < 0.05$。

4.5　结果讨论

　　社会影响方面，与预期一致，微信用户的两种主动使用行为（社交与非社交）均有助于桥接型和粘接型社会资本的累积，而微信用户的两种被动使用行为（社交与非社交）仅积极影响桥接型社会资本。不同类型的社交网络使用行为对两种类型社会资本的影响存在一定差异，具体而言，对于桥接型社会资本来说，主动社交使用行为的影响最大（$\beta = 0.389$，$p < 0.001$），然后为主动非社交使用行为（$\beta = 0.197$，$p < 0.001$）、被动非社交使用行为（$\beta = 0.159$，$p < 0.05$）和被动社交使用行为（$\beta = 0.145$，$p < 0.05$）。而对粘接型社会资本来说，主动非社交使用行为的影响最大（$\beta = 0.267$，$p < 0.001$），然后为主动社交使用行为（$\beta = 0.223$，$p < 0.001$）（见图 4.2）。本书结果与以往关于脸书的研究结果有所不同，用户仅在使用脸书进行一对一

直接互动沟通（私信）时才有助于桥接型社会资本的累积，其他使用行为并不会对社会资本产生任何影响，例如广播式使用（发布状态、照片等或者与朋友在 Newsfeed 公开互动）和被动消费社交消息（即阅读其他人的状态）（Burke et al.，2011）。造成这种不一致结果的原因可能是由于微信的独特性，即微信用户之间的强关系特征（Gan，2017），不同于其他的社交网络平台（如脸书）。粘接型社会资本指的是来自强关系个体的资本（Choi and Kim，2016），例如情感支持或者陪伴等。微信提供了平台便于用户与亲朋好友保持联系，用户无论是主动与好友互动聊天或是主动在朋友圈发布状态或照片，均有助于粘接型社会资本的增加。与科罗列娃等（2011）研究结果一致的是，用户在社交网络中的被动浏览行为有利于增加其社会关系网的网络价值，且有助于用户拓宽其眼界，例如接触新事物、了解新潮流等。桥接型社会资本通常与获取最新信息或多样化的知识相关，个体浏览微信的朋友圈可以了解来自多个社交圈子、多样化社会关系的最新动态，而用户浏览公众号的文章则有助于获取最新消息或者有用知识，从而帮助拓宽自己的眼界和见识、跟上最新的潮流。这就表示，两种类型的被动使用行为（社交与非社交）均有利于增加桥接型社会资本。

心理影响方面，本书发现，微信的两种主动使用行为（社交与非社交）和被动非社交使用行为均积极影响用户的在线幸福感，但是影响程度有所不同。其中，主动非社交使用行为对用户在线幸福感的影响最大（$\beta = 0.169$，$p < 0.01$），然后为主动社交使用行为（$\beta = 0.133$，$p < 0.05$）和被动非社交使用行为（$\beta = 0.129$，$p < 0.05$）（见图 4.2）。黄（2016）的研究结果发现，社交网络用户的自我表露行为（一种典型的主动使用行为）有利于改善其在线幸福感。这与本书结论一致，无论微信用户选择主动与好友聊天、对朋友圈中好友的状态点赞或评论，或者主动发布状态，均有助于增加其对在线社交生活的满意度。以往研究认为，被动使用社交网站会降低用户的主观幸福感（Ding et al.，2017），但是，与以往研究以及假设 2c 相反的是，本书发现，微信用户的被动社交使用行为和在线幸福感之间并不相关，造成这一结果的原因可能在于浏览朋友圈带来的矛盾性影响。一方面，根据相应偏差，

当浏览不认识的人或者从未见过的人的积极状态时，浏览者更可能认为发帖的陌生人过得比自己好，这是由于浏览者忽视了产生快乐的情境而归因到发帖者的个性上（Chou and Edge，2012）。但是，大多数微信"好友"在现实世界是认识彼此的（Gan，2017），微信用户能够以更客观的视角看待其微信"好友"，更可能认为生活是公平的且开心的。另一方面，浏览好友状态的确可能会由于上行社会比较和嫉妒等诸多心理的存在而产生消极情绪，并且因而对生活不满（丁倩等，2017）。由于同时存在的公平与不公平的生活满意度感知，微信用户的被动社交使用行为对其在线幸福感并没有产生显著影响。此外，与假设 H2d 一致的是，微信用户的被动非社交使用行为显著提升他们的在线幸福感。也就是说，微信用户浏览公众号的文章有助于用户感知更多的信息支持，从而对微信中的社交生活感到满意。本书还发现，微信的主动非社交使用行为和被动社交使用行为均积极影响用户的抑郁情绪。其中，主动非社交使用行为（$\beta = 0.224$，$p < 0.01$）对用户抑郁情绪的影响还要稍微大于被动社交使用行为（$\beta = 0.219$，$p < 0.01$）（见图 4.2）。与预期不一致的是，微信用户的主动社交使用行为和被动非社交使用行为均没有显著降低抑郁情绪，一种可能是本书没有考虑感知社会支持的中介作用，弗里森和艾格蒙特（2016）发现，感知社会支持中介了脸书主动性使用对抑郁情绪的消极影响，未来研究可以检验感知信息支持的中介作用以验证本书的假设；另一种可能是与社交网络中不断攀升的信息过载以及人际过载相关（Koroleva et al.，2010），大量的公众号信息和社交请求超过了用户的信息处理能力，带来的压力感可能显著削弱感知支持对抑郁情绪的抑制作用。有趣的是，本书还发现，微信用户的主动非社交使用行为显著积极影响个体的抑郁情绪，这可能是由于当用户发布了状态后，得到的回应数量或回应内容与预期不一致，因而产生了失落或沮丧的心理（Zell and Moeller，2018）。与以往研究以及预期假设一致的是，微信的被动社交使用行为会显著增加用户的抑郁情绪。个体浏览微信朋友圈中的好友状态时，很可能面对大量的积极自我呈现，因而触发嫉妒心理并增加抑郁情绪（Frison and Eggermont，2016）。

本书还检验了社会和心理因素对后续行为意向的影响，结果发现，桥接型社会资本和在线幸福感均积极影响用户的持续使用意向，而抑郁情绪显著消极影响用户的持续使用意向。其中，桥接型社会资本对持续使用意向的积极影响（$\beta = 0.34$，$p < 0.001$）明显强于在线幸福感的积极影响（$\beta = 0.176$，$p < 0.01$）（见图4.2）。出乎意料的是，粘接型社会资本并不会直接影响个体的持续使用意向，这可能由于忽视了中介因素的影响。例如，通过在线幸福感的中介作用，粘接型社会资本积极影响用户的持续使用意向（$\beta = 0.037$，$t = 2.004$，$p < 0.05$；同时在95%置信水平下，Bias – Corrected 方法及 Percentile 方法置信区间均不包含0）。这就意味着，粘接型社会资本更高的用户，只有在感到对社交网络中的社交生活满意的情况下，其继续使用该平台的可能性才会更大。此外，与预期一致，桥接型社会资本和在线幸福感积极影响微信用户的持续使用意向。这就表明，当人们感到信息支持或者感到对微信中的社交生活满意时，他们通常会选择继续使用微信。如假设 H6 所示，抑郁情绪会显著降低用户的持续使用意向，当用户感到郁闷和沮丧时，他们可能会选择离开使自己产生抑郁情绪的社交网络平台。这一结论与尹等（2015）的研究结论一致，消极情绪会显著阻碍用户继续使用社交网络。

通过进一步的补充性分析，本书还发现，仅主动社交使用直接积极影响微信用户的持续使用意向。微信用户参与聊天、点赞或在好友状态下评论，会增加其返回微信的可能性。但是，如果花费太多时间主动社交使用社交网络也可能会导致社交超载和社交网络上瘾（Chen and Lee，2013；Choi and Lim，2016），因此，平台运营商可以通过弹出窗口的方式提醒用户其使用时间，以防过度地使用带来的消极影响。此外，桥接型社会资本中介了主动非社交使用、主动社交使用和被动非社交使用行为与持续使用意向之间的积极关系，这也就是说，如果用户认为没有获得信息支持或者桥接型社会资本，那么主动使用和被动非社交使用并不会对持续使用意向产生影响。其中，通过桥接型社会资本的中介作用，主动非社交使用行为对用户持续使用意向的积极影响最大（$\beta = 0.086$，$p < 0.01$），然后为主动社交使用行为（$\beta = 0.071$，$p < 0.05$）和被动非社交使用行为（$\beta = 0.05$，$p < 0.05$）。本书还发现，抑郁情绪中介了微信主动非社交使用和被动社交使用与持续使用意向之

间的消极关系。这表明，如果个体发布状态或浏览朋友圈时产生抑郁情绪，他们很可能不愿意继续使用微信。其中，通过抑郁情绪的中介作用，主动非社交使用行为（$\beta = -0.05$，$p < 0.05$）和被动社交使用行为对用户持续使用意向的消极影响（$\beta = -0.051$，$p < 0.05$）基本相同。

为了进一步论证本书结论的可靠性和稳健性，本书还对比了问卷数据和全国代表性样本大数据（CFPS 2016）。结果显示，无论是社交网络使用的社会性影响还是心理影响，问卷数据结果和全国代表性样本大数据结果的方向和显著性基本保持一致。具体来说，本书问卷数据和 CFPS 2016 数据结果均表示，社交网络使用对社会性变量（社会资本）以及心理变量（幸福感和抑郁情绪）均产生显著积极影响，进一步验证了本书问卷数据的可靠性。

4.6　本章小结

本章旨在探讨微信主动和被动使用的差异化影响。基于社会认知理论，本书探讨了微信主动和被动使用行为的社会和心理影响。研究结果表明，社会影响方面，微信用户的主动社交使用和主动非社交使用行为均有助于桥接型和粘接型两种社会资本的积累；而被动社交使用和被动非社交使用行为仅积极影响桥接型社会资本。心理影响方面，微信用户的主动使用行为（社交与非社交）、被动非社交使用均有助于提升用户的在线幸福感；但是，主动非社交使用和被动社交使用也会积极影响微信用户的抑郁情绪。此外，本书还进一步探索了微信主动和被动使用、社会因素和心理因素对后续行为意向的影响。有趣的是，仅微信用户的主动社交使用行为会直接推动其持续使用意向，桥接型社会资本和在线幸福感积极影响微信用户的持续使用意向，抑郁情绪则会抑制用户的持续使用意向。

本书通过补充性中介效应检验进一步探索了社会性和心理变量的中介效应。结果发现，通过桥接型社会资本的中介作用，微信用户的主动社交使用、主动非社交使用和被动非社交使用行为均有助于推动其未来使用的意向。同时，通过抑郁情绪的中介作用，微信用户的主动非社交使用行为和被动社交使用行为均会降低其未来继续使用微信的意向。

为了进一步论证本书结论的可靠性，本书还对比了问卷数据和全国代表性样本大数据（CFPS 2016）。结果显示，无论是社交网络使用的社会性影响还是心理影响，问卷数据结果和全国代表性样本大数据结果的方向和显著性基本保持一致，验证了本书问卷数据的可靠性。

本章探讨了社交网络主动和被动使用对用户的社会关系、心理和后续行为产生的不同影响。但是，这些不同的使用行为究竟受到哪些因素的影响？是否会受到人口统计特征如性别、年龄等因素的影响？这些问题将在下一章的研究中进行探索和分析。

第5章

不同类型社交网络使用行为的
动机及形成机制研究

本书第4章考察了社交网络主动和被动使用对用户社会性变量、心理变量以及后续使用行为变量的差异化影响。但是，以往研究关于社交网络主动和被动使用是否受到不同因素的影响还尚存争议。本书基于使用和满足理论，结合第3章中确定的微信主动和被动使用细分维度及量表，进一步探索微信用户主动和被动使用行为的动机，为平台运营商完善和优化服务提供理论指导。

5.1 引言

本书旨在解释用户主动和被动使用微信的不同动机及其作用过程，根据第3章的研究，微信主动和被动使用可以分为四种不同的类型，需要进一步探索和分析这些不同使用行为的影响因素。基于使用和满足理论框架及以往相关研究，本书采用了混合性研究方法（定量研究和质性研究）对提出的研究问题进行了检验。首先，经过探索性因子分析，本书确定了微信使用的潜在动机；其次通过收集的问卷数据检验微信主动和被动使用受到哪些相同和不同的动机影响；最后，本书通过深度访谈进一步检验并深度挖掘了这些动机对于微信不同使用行为的作用过程。本书的结果有助于学者和从业人员更好地理解社交网络用户使用行为的影响因素，具有重要的理论和实践意义。

5.2 研究问题

目前，关于社交网络主动和被动使用影响因素的相关文献，缺乏对主动和被动使用维度的进一步细分。例如，朱和巴奥（2018）的研究检验了隐私关注和印象管理关注对社交网络用户被动使用行为的影响，但是，并未考虑在增加社交网络被动使用细分维度的情况下，其影响因素的作用是否存在差异？而根据本书第3章，用户的主动和被动使用可以分为主动社交使用、主动非社交使用、被动社交使用以及被动非社交使用四种类型。

此外，以往研究发现，用户主动和被动使用受到相同的个人参与动机和社交互动参与动机的影响（Pagani and Mirabello，2011）。不过，个人参与动机包含诸多方面，例如想要赞赏、与其他人交换信息、觉得使用很享受等，但这些研究并没有进一步探索个人参与动机的不同维度对用户主动和被动使用的影响有何不同。考虑到用户使用不同的社交网络平台的动机并不相同，结合微信的具体情境，用户使用微信受到特定动机的影响，而使用和满足理论提供了一个基础性的理论框架解释用户使用特定社交网络平台背后的动机（Gan，2017；Gan，2018；Gogan et al.，2018；Karapanos et al.，2016；Liu et al.，2010；Wei et al.，2017）。据此，本书提出以下研究问题。

RQ：基于使用和满足理论，有哪些动机影响微信用户的主动和被动使用行为，又有何不同？

5.3 研究设计及分析

本书采取定量研究和质性研究相结合的方法，以更清晰地了解微信用户主动和被动使用行为的影响因素及其作用过程。参考斯坦菲尔德（Steinfield）等（2008）的研究设计，采用先定量研究后质性研究的方法，有助于更深入地理解影响因素的作用过程。

5.3.1　研究一：问卷调查

5.3.1.1　研究设计

（1）问卷设计。本书旨在探讨微信主动和被动使用行为的动机及其作用过程。由于微信的半封闭性、用户被动浏览行为数据的难监测性和难获得性，本书采用问卷调查的研究方法获取数据。考虑到对内在心理动机的一系列变量的测量很难采取客观的他评方法，因而本书采用自填式量表的方式进行问卷调查。

本书的问卷设计过程与第 3 章 3.2.1 相似，主要包括以下四个步骤：第一，围绕本书的核心内容对国内外文献进行检索，明确"社交网络用户使用动机"主要构念的测量内容，并挑选信度和效度较好、相对比较成熟的测量题项，而微信主动和被动使用的测量量表来自第 3 章。第二，根据参考以往相关研究中量表的设计，本书测量项均采用七点式李克特量表测量，从"完全不同意 = 1"到"完全同意 = 7"；除了主动和被动使用测量项采用五点式量表，询问被试者参与活动的频率，1 = 从未有过（0%）到 5 = 非常频繁（100%）［参考格尔森等（2017）的研究］。第三，由于所采纳的量表原文均为英文，为了确保更好的内容效度，在问卷设计过程中，先采用了翻译—回译法形成初始中文量表，然后邀请了两名消费者行为相关的研究人员对问卷内容进行了反复修改，以保证翻译内容的等价和有效。第四，为了避免量表中存在语境模糊和语意不清晰等问题，本书使用前测方法以进一步改善量表的内容效度。首先，本书邀请相关研究领域的教授试填，并请其针对量表设计的科学性、题项设置的合理性、文字表述的准确性以及在中国情境下的适用性等方面提出意见和建议。其次，参考甘（2017）的研究设计，本书邀请了 10 名有丰富使用经验的微信用户对问卷进行试填。在填写完成后，作者对问卷题项逐一进行解释，答题者可以随时提出存在的疑义，以确保答题者对问题的理解与作者的研究目的相吻合。此外，本书也请他们针对问卷的题项设计和表达清晰易懂性等方面进行了反馈，根据收到的反馈意见，对理解偏差和语意模糊等问题进行了修正，并对问卷的题项进行了进一步修改，形成最终的问卷。

问卷内容主要包括三个部分：第一部分解释本次问卷调查的目的并表明调查的匿名性和保密性；第二部分为研究主体部分，主要包含微信主动和被动使用和微信使用动机等相关题项；第三部分询问被试者的基本信息和微信使用情况，主要包含性别、年龄、教育程度、微信好友数量、微信使用经验和日均微信使用时间等相关问题（见附录C）。

（2）变量测量。由于使用和满足理论并没有预设特定的构念，而是仅提供了一个简单的理论框架，个体选择使用特定的媒体是出于特定的心理和社交需求（Li et al.，2015）。参考甘（2018）和斯莫克（Smock）等（2011）的研究，社交网络使用动机的选择可以来源于以往相关研究，因此，本书选取了来自甘和李（2018）、甘春梅（2017）和斯莫克等（2011）研究中关于社交网络使用动机的题项，因为这些研究以社交网络或者即时通信为研究对象，与微信的特性一致，可以认为会受到相似动机的影响。基于使用和满足理论，彼得斯（Peters）和阿马托（Amato，2007）提出，用户获得的需求满足可以归为三种类型：过程满足、内容满足和社交满足，这种分类在许多研究中已经得到广泛应用（Li et al.，2017；Liu et al.，2010；Liu et al.，2016）。过程满足指的是个体从使用过程中获得的满足，通常与用户在社交网络使用过程中的涉入程度相关，主要包括享受/娱乐（甘春梅，2017；Gan and Li，2018；Smock et al.，2011）和打发时间（甘春梅，2017；Smock et al.，2011）。内容满足来自媒体中信息的使用，指的是信息期望的实现，主要包括信息寻求（甘春梅，2017；Smock et al.，2011），信息分享（甘春梅，2017；Gan and Li，2018；Smock et al.，2011）和自我表达（甘春梅，2017；Smock et al.，2011）。社交满足指的是维持人际关系的心理需求，主要体现为社交互动动机（甘春梅，2017；Smock et al.，2011）。本书最后确定了19个题项（包括过程满足的8个题项、内容满足的9个题项和社交满足的2个题项）用于后续的调查，作为潜在的动机测量项。

以往研究指出，人口统计学因素同样影响着个体用户的社交网络使用行为，例如性别（Smock et al.，2011）。社交网络中的年长和年轻用户的使用行为存在差异，这意味着，年龄同样影响着个体用户的社交网络使用行为（Hayes et al.，2015）。所以人口统计学因素对微信用户主动和被动使用行为的影响有待检验，本书将性别和年龄作为控制变量以进一步探索其影响。

（3）问卷预调研。本书的调研分为两个阶段。第一阶段是预调研阶段，主要是对问卷的信度和效度进行初步检验，以确定问卷是否需要进一步调整。本次预调研采用的是网上调查问卷的方式，雇用了一家专业的问卷调研公司（问卷星）对微信用户进行了问卷调查，总共发放问卷 146 份，剔除回答时间过短（少于 100 秒）以及所有问题相同分数的无效问卷，保留有效问卷113 份。

本书通过 Cronbach's alpha 系数检验问卷的内部一致性。对问卷预调研数据的分析发现，问卷的整体 Cronbach's alpha 系数为 0.940，每个变量的 Cronbach's alpha 系数在 0.722～0.968，均高于 0.7 的阈值，显示了良好的内部一致性信度（见表 5.1）。

表 5.1　　　　　　　　　　　　问卷的 Cronbach's alpha 系数

变量	Cronbach's alpha 系数
主动社交使用	0.850
主动非社交使用	0.897
被动社交使用	0.790
被动非社交使用	0.829
感知享受	0.968
习惯性消遣时间	0.885
自我表达	0.883
信息寻求	0.904
社交互动	0.722
总体	0.940

本书通过因子分析检验问卷量表的结构效度。KMO 和 Barlett 球形度检验

的结果显示，KMO 值为 0.868（明显高于 0.6 的阈值），Barlett 球形度检验的
Sig 值为 0.000，低于 0.05 的显著水平，表明可以进行因子分析。此外，问卷
项目的因子载荷处于 0.786 ~ 0.976，高于 0.5 的阈值，且每个构念的累积解
释方差均高于 50%，表明问卷具有较好的聚合效度（吴明隆，2010）（见
表 5.2）。本书删除了三个题项，由于它们过低的因子载荷（< 0.4）以及相
近的交叉载荷（差值 ≤ 0.05）（Gerson et al.，2017）。

表 5.2　　　　　　　　　　　　　　因子分析结果

变量	测量项	因子载荷	累积解释方差（%）	KMO 值	Barlett 球形度检验的 Sig 值
主动社交使用	AS1	0.867	77.047		
	AS2	0.872			
	AS3	0.895			
主动非社交使用	ANS1	0.939	83.098		
	ANS2	0.935			
	ANS3	0.858			
被动社交使用	PS1	0.786	70.571		
	PS2	0.883			
	PS3	0.848			
被动非社交使用	PNS1	0.924	85.401		
	PNS2	0.924			
感知享受	PE1	0.932	91.398	0.868	0.000
	PE2	0.970			
	PE3	0.976			
	PE4	0.945			
习惯性消遣时间	HP1	0.887	74.619		
	HP2	0.896			
	HP3	0.812			
	HP4	0.859			
自我表达	SE1	0.901	81.153		
	SE2	0.891			
	SE3	0.911			

续表

变量	测量项	因子载荷	累积解释方差（%）	KMO 值	Barlett 球形度检验的 Sig 值
信息寻求	IS1	0.943	83.969	0.868	0.000
	IS2	0.938			
	IS3	0.867			
社交互动	SI1	0.888	78.780		
	SI2	0.888			

预调研数据的信度和效度检验结果显示，问卷的信度和效度比较理想，可以进行正式调研。

（4）样本与数据收集。第二阶段为正式调研阶段。本书采取了网上调查问卷的方法，该方法在信息系统领域和营销领域已被广泛使用，因为使用网络的用户数量巨大，更容易获得大量的样本数据。本书采用了便利性和滚雪球抽样法，根据腾讯（2015）报告显示，18～35 岁的年轻人是微信的主要用户，因此，本书招募了来自中国西南一所大学的十名大学生和研究生（年龄在 18～35 岁；微信用户；五位男性和五位女性），要求他们将问卷链接分享到微信群和朋友圈。通过微信群和朋友圈分享问卷链接，一方面保证了被试者为微信用户；另一方面是微信群和朋友圈的人群范围更广泛且更多样化。本书并没有对被试者设限，以确保样本的随机性和广泛性，本次调查覆盖了重庆、山西、山东、江苏、河北、浙江、广东、河南、黑龙江、湖南等多个省份，全部采取匿名方式填写。为了控制问卷的质量，本书设置了限制：每台设备（计算机/手机）以及同一 IP 地址仅能填写一份问卷。成功填写完问卷的被试者将收到每人 2 元的红包奖励，本书共收集到 640 份问卷，剔除回答时间过短（少于 100 秒）以及所有问题相同分数的无效问卷，本书最终将 600 份有效样本用于后续分析。

本书使用 SPSS 20.0 软件对样本数据进行了描述性统计分析。如表 5.3 所示，样本的基本情况如下：被试者均为微信用户；性别方面，样本包含 278 名男性（46.3%）和 322 名女性（53.7%）；年龄方面，近八成的被试者年龄处于 18～35 岁；教育程度方面，近八成的参与者是本科及以上学历；微信使用情况方面，过半被试者的微信好友数量 150 人以上，超过 80% 的被试者使用微信已经超过 3 年，近七成的被试者每天使用微信的时间超过 1 小时。从用户的年龄、微信使用等各方面，本书问卷数据与腾讯（2015）和腾讯（2016）报告的微信用户的特征一致，微信用户的年龄主要集中在 18～35 岁，过半的用户每天使用微信超过 1 小时，半数以上用户的微信好友数量高于 100 人。这表明，本书的样本数据特征符合目前微信用户发展统计情况，样本具有一定代表性。

表 5.3　　　　　　　　　　样本数据描述性统计信息

变量	题项	频率	百分比（%）
性别	男性	278	46.3
	女性	322	53.7
年龄	< 18	4	0.7
	18～25	188	31.3
	26～35	262	43.7
	36～55	134	22.3
	> 55	12	2
教育程度	高中及以下	41	6.8
	大专	84	14
	本科	302	50.3
	硕士及以上	173	28.8
微信好友数量	< 50	45	7.5
	50～150	201	33.5
	150～300	208	34.7
	300～500	93	15.5
	> 500	53	8.8
微信使用经验	< 1 年	17	2.8
	1～2 年	79	13.2
	3～5 年	342	57
	> 5 年	162	27
微信每天使用时间	< 10 分钟	3	0.5
	10～30 分钟	57	9.5
	30 分钟～1 小时	133	22.2
	1～2 小时	173	28.8
	2～4 小时	113	18.8
	> 4 小时	121	20.2

5. 3. 1. 2　数据分析

本书主要使用 SPSS 20. 0 和 SmartPLS 2. 0 软件进行数据分析。首先对用户使用动机的测量项进行探索性因子分析；其次对变量和模型进行信度和效度分析；最后通过结构方程模型的方法对研究模型进行检验。本书使用偏最小二乘结构方程模型（PLS－SEM）的方法，对提出的研究模型进行了检验（Chin and Newsted, 1999）。偏最小二乘结构方程模型，基于一系列普通最小二乘法（OLS），可以实现很高的统计能力（Hair et al., 2012），而且 PLS－SEM 非常适合样本数量偏少的情况，或者用于估计有许多指标和复杂模型关系的情况（Chin et al., 2003）。

（1）探索性因子分析。本书从问卷数据中分别随机抽取了 100 名男性和 100 名女性被试者，共计 200 份数据用于探索性因子分析，剩下的 400 份数据用于后续的模型检验。本书通过主成分分析和最大方差正交旋转法进行了探索性因子分析，以确定微信使用动机的维度。KMO 和 Barlett 球形度检验的结果显示，KMO 值为 0. 855（明显高于 0. 6 的阈值），Barlett 球形度检验的 Sig 值为 0. 000，低于 0. 05 的显著水平，表明可以进行因子分析。经过因子分析后共提取了 5 个特征值大于 1 的因子，解释了 76. 074% 的总方差。提取的第一个因子，包含 4 个题项，反映了个体通过使用微信以获取愉悦和乐趣的程度，因而将之定义为感知享受（perceived enjoyment），这个因子解释了 18. 951% 的总方差。第二个因子，包含 4 个题项，与个体打发时间的需求相关，因而将之定义为习惯性消遣时间（habitual pastime），这个因子解释了 17. 424% 的总方差。第三个因子，包含 3 个题项，反映了个体使用微信以获取信息的程度，因而将之定义为信息寻求（information seeking），这个因子解释了 15. 077% 的总方差。第四个因子，包含 3 个题项，与个体表达自我相关信息的需求相关，因而将之定义为自我表达（self-expression），这个因子解释了 13. 899% 的总方差。第五个因子，包含 2 个问项，与个体与他人互动的需求相关，因而将之定义为社交互动（social interaction），这个因子解释了 10. 723% 的总方差。结果如表 5. 4 所示。

表5.4 微信使用动机探索性因子分析

通常，我使用微信	PE	HP	SE	IS	SI
感知享受					
因为它很有趣	0.767				
因为使用过程很愉快/是个很愉快的休息方式	0.838				
因为可以让我很享受	0.818				
因为可以让我放松	0.785				
习惯性消遣时间					
当我无聊的时候可以帮我消磨时间		0.768			
当没有更好的事情可以做时		0.776			
只是出于习惯		0.815			
就是想随便看看		0.769			
信息寻求					
为了获取有用的信息			0.814		
为了获取有帮助的信息			0.816		
为了获取与我学习、生活和工作相关信息			0.858		
自我表达					
为了提供关于我自己的一些信息				0.779	
为了告诉别人一些关于我的事情				0.776	
为了表达自己的想法和观点				0.83	
社交互动					
为了与家人或朋友保持联系					0.854
为了和很长时间没见面或者远距离的朋友保持联系					0.864
特征值	6.49	1.813	1.541	1.211	1.117
解释的方差（%）	18.951	17.424	15.077	13.899	10.723

注：PE＝感知享受、HP＝习惯性消遣时间、IS＝信息寻求、SE＝自我表达、SI＝社交互动。

本书由九个构念组成：感知享受、习惯性消遣时间、自我表达、信息寻求、社交互动、主动社交使用、主动非社交使用、被动社交使用和被动非社交使用（见图5.1）。

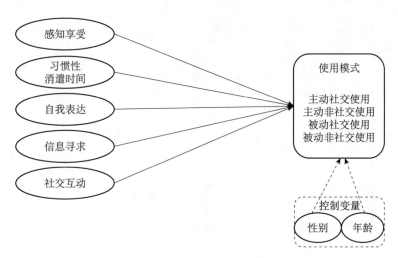

图 5.1　研究模型

（2）信效度分析。被试者对反映同一变量所有题项答案的一致性代表了题项间的一致性信度，常用 Cronbach's alpha 来度量。如表 5.5 所示，九个构念的 Cronbach's alpha 值均大于 0.7 的阈值，表明问卷中这九个构念的测量结果是可信的，能满足后续研究需要（Nunnally and Bernstein，1994）。

测量的效度主要包括收敛效度和判别效度。根据福内尔和拉克尔（1981）的观点，评估收敛效度的指标共有三项：所有标准化的因子载荷大于 0.5；组合信度大于 0.6；平均提取方差大于 0.5。由表 5.5 和表 5.6 可知，测量模型的因子载荷、组合信度和平均提取方差均达到标准以上，因此，本书的测量模型具有较好的收敛效度。

根据福内尔和拉克尔（1981）的研究，评估判别效度的标准为，每个构念的平均提取方差的平方根应该超过它与其他构念之间的相关关系。如表 5.5 所示，AVE 的平方根（对角线）大于任何两个构念之间的相关系数（非对角元素），显示较好的判别效度。另外，判别效度还可以通过因子载荷进行进一步验证，如果每个构念的测量题项落在该构念上的因子载荷高于它们落在其他构念上的交叉载荷，这表明测量模型具有很好的判别效度（Chin，1998）。表 5.6 说明本书中测量模型具有良好的判别效度。

表 5.5　　　　　　　　　　构念的信度和效度

构念	Cronbach's alpha	CR	AVE	ANS	AS	HP	IS	PNS	PS	PE	SE	SI
ANS	0.885	0.929	0.814	**0.902**								
AS	0.734	0.849	0.652	0.400	**0.807**							
HP	0.852	0.900	0.691	0.288	0.242	**0.831**						
IS	0.922	0.951	0.865	0.260	0.214	0.329	**0.930**					
PNS	0.844	0.927	0.864	0.256	0.297	0.238	0.265	**0.930**				
PS	0.702	0.825	0.619	0.412	0.473	0.311	0.208	0.493	**0.787**			
PE	0.940	0.957	0.846	0.346	0.231	0.519	0.532	0.246	0.263	**0.920**		
SE	0.871	0.920	0.793	0.419	0.267	0.453	0.603	0.216	0.272	0.550	**0.891**	
SI	0.836	0.924	0.859	0.140	0.303	0.323	0.539	0.188	0.257	0.353	0.366	**0.927**

注：CR=组合效度，AVE=平均提取方差，ANS=主动非社交使用，AS=主动社交使用，HP=习惯性消遣时间，IS=信息寻求，PNS=被动非社交使用，PS=被动社交使用，PE=感知享受，SE=自我表达，SI=社交互动。

表 5.6　　　　　　　　　　　　　　因子载荷

	ANS	AS	HP	IS	PNS	PS	PE	SE	SI
ANS1	0.913	0.358	0.233	0.224	0.186	0.350	0.312	0.397	0.111
ANS2	0.921	0.401	0.281	0.239	0.252	0.400	0.309	0.371	0.145
ANS3	0.872	0.322	0.266	0.240	0.257	0.365	0.316	0.366	0.123
AS1	0.315	0.813	0.215	0.129	0.225	0.385	0.159	0.215	0.249
AS2	0.319	0.849	0.203	0.184	0.227	0.352	0.212	0.235	0.239
AS3	0.342	0.757	0.165	0.214	0.278	0.421	0.189	0.194	0.249
HP1	0.252	0.193	0.837	0.293	0.200	0.241	0.509	0.411	0.239
HP2	0.272	0.190	0.840	0.340	0.189	0.182	0.501	0.373	0.276
HP3	0.238	0.244	0.831	0.253	0.198	0.339	0.369	0.386	0.258
HP4	0.195	0.169	0.816	0.211	0.206	0.253	0.357	0.332	0.307
IS1	0.251	0.183	0.335	0.948	0.268	0.219	0.533	0.580	0.511
IS2	0.260	0.226	0.322	0.940	0.258	0.185	0.530	0.576	0.497
IS3	0.210	0.186	0.253	0.902	0.208	0.175	0.410	0.522	0.497
PNS1	0.205	0.226	0.232	0.192	0.917	0.433	0.200	0.143	0.127
PNS2	0.267	0.319	0.214	0.292	0.943	0.481	0.253	0.249	0.214
PS1	0.184	0.243	0.084	0.060	0.345	0.562	0.067	0.038	0.150
PS2	0.336	0.417	0.305	0.203	0.395	0.881	0.242	0.228	0.248
PS3	0.403	0.422	0.277	0.185	0.443	0.875	0.250	0.291	0.203
PE1	0.298	0.171	0.481	0.447	0.218	0.156	0.878	0.436	0.335
PE2	0.306	0.197	0.453	0.503	0.209	0.223	0.931	0.510	0.334
PE3	0.346	0.218	0.486	0.493	0.235	0.270	0.951	0.545	0.302
PE4	0.320	0.253	0.491	0.510	0.240	0.299	0.919	0.523	0.332
SE1	0.447	0.238	0.485	0.504	0.188	0.265	0.549	0.894	0.302
SE2	0.308	0.199	0.342	0.581	0.187	0.170	0.434	0.876	0.310
SE3	0.347	0.270	0.365	0.540	0.201	0.276	0.473	0.901	0.365
SI1	0.112	0.280	0.303	0.482	0.196	0.251	0.313	0.324	0.930
SI2	0.149	0.281	0.296	0.518	0.151	0.225	0.341	0.355	0.923

注：ANS = 主动非社交使用、AS = 主动社交使用、HP = 习惯性消遣时间、IS = 信息寻求、PNS = 被动非社交使用、PS = 被动社交使用、PE = 感知享受、SE = 自我表达、SI = 社交互动。

（3）共同方法偏差和多重共线性分析。共同方法偏差是由于被试者的相同的动机、研究背景以及测量背景设定等方面所带来的偏差，会对研究结果产生影响。由于本书所采集的数据来自同一个答题者的自评数据，而且不同答题者对同一个题项的理解可能存在差异。本书使用两种常见的方法来控制方法偏差。首先，本书通过保护被试者的姓名以及减轻评价顾虑的方式来减少共同方法偏差，告知所有被试者其答案都是匿名的、不会外泄，且答案没有对错之分。本书还通过改善量表测量题项来控制方法偏差，例如避免模糊的问题等（Podsakoff et al.，2003）。其次，本书采用哈曼的单因素检验以评估本书是否存在共同方法偏差，根据波德萨科夫等（2003）的观点，当测量项的大多数方差（超过 50%）被第一个因素解释时，会出现共同方法偏差。本书的第一个因子仅解释了 13.20% 的方差，远小于 50%，因此，共同方法偏差在本书中并不存在。

另外，鉴于方差膨胀因子 VIF 值均处于 5 以下，这表明多重共线性在本书中也并不是个问题（Hair et al.，2011）。

（4）路径分析。本书采用 Bootstrapping 的方法对结构模型进行路径分析。图 5.2 和表 5.7 展示了路径分析结果以及显著性。

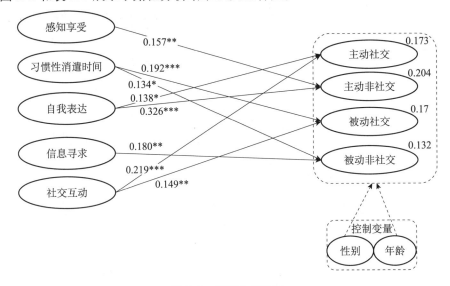

图 5.2　路径分析结果

注：*** 表示 p < 0.001；** 表示 p < 0.01；* 表示 p < 0.05。

表 5.7　　　　　　　　　　微信主动和被动使用的动机

项目	主动社交	主动非社交	被动社交	被动非社交
感知享受	0.085	0.157 **	0.093	0.105
习惯性消遣时间	0.081	0.082	0.192 ***	0.134 *
自我表达	0.138 *	0.326 ***	0.110	− 0.006
信息寻求	− 0.023	− 0.012	− 0.033	0.180 **
社交互动	0.219 ***	− 0.052	0.149 **	0.023
性别	− 0.028	− 0.012	− 0.115 *	− 0.091
年龄	− 0.213 ***	− 0.047	− 0.163 ***	− 0.179 ***

注：*** 表示 $p < 0.001$；** 表示 $p < 0.01$；* 表示 $p < 0.05$。

如图 5.2 和表 5.7 所示，微信用户的主动社交使用行为受到自我表达和社交互动的影响，其中，相较于自我表达动机（$\beta = 0.138$，$p < 0.05$），社交互动动机（$\beta = 0.219$，$p < 0.001$）对用户的主动社交使用行为的影响更大。主动非社交使用行为受到感知享受和自我表达动机的影响，其中，相较于感知享受动机（$\beta = 0.157$，$p < 0.01$），自我表达动机（$\beta = 0.326$，$p < 0.001$）对用户主动非社交使用行为影响更大。

微信用户的被动社交使用行为受到习惯性消遣时间和社交互动的影响，其中，习惯性消遣时间动机（$\beta = 0.192$，$p < 0.001$）对用户被动社交使用行为的影响要大于社交互动动机（$\beta = 0.149$，$p < 0.01$）。被动非社交使用受到习惯性消遣时间和信息寻求的显著影响，其中，信息寻求动机（$\beta = 0.180$，$p < 0.01$）对用户被动非社交使用行为的影响要大于习惯性消遣时间动机（$\beta = 0.134$，$p < 0.05$）。

控制变量方面，女性用户的被动社交使用行为显著高于男性，年龄因素显著消极影响用户的主动社交使用、被动社交使用和被动非社交使用。本书模型解释了主动社交使用 17.3% 的方差，解释了主动非社交 20.4% 的方差，17% 的方差和被动社交使用相关，13.2% 的方差和被动非社交使用相关。

5.3.2　研究二：深度访谈

由于定量研究（quantitative study）通常展现的是 X 多大程度上能够影响

Y，而质性研究（quantitative study）更关注于 X 是如何导致 Y 的、X 和 Y 之间的过程是怎样的。因此，相较于定量研究，质性研究的方法有助于获得对研究问题更加全面和深刻的认识（陈向明，1996）。为了更深入地了解微信用户主动和被动使用行为影响因素的作用过程，本书进行了质性研究，以增加对前面定量研究结果的补充分析。

深度访谈（In-depth interview）是质性研究的一种代表性研究方法，可以通过与受访者细致和深入地交谈来更全面地了解特定行为或者现象形成的过程（孙晓娥，2012）。本书从之前的被试者中抽取了 12 名作为访谈对象，分别进行了深度访谈，为期 3 个月，作为对之前定量研究结果的补充分析，以进一步加深对微信用户主动和被动使用动机形成过程的了解。

5.3.2.1 研究设计

本书采取了常见的半结构式访谈设计（semi-structured interview）。具体而言，在开展访谈之前，首先明确研究问题和具体的概念；其次根据研究目的，设计访谈提纲，为后续访谈提供基本框架的指导。与调查访谈相比，质性访谈并不是标准化的问题，实际的访谈过程也并不局限于访谈大纲的顺序，在访谈过程中，根据特定的语境，对访谈问题和顺序进行了弹性调整处理（孙晓娥，2012）。在访谈过程中，访谈人员注意多听少说，在关键时候通过技巧性的引导，将谈话引回研究主题上（王帆，2012）。本书尤其注意质性研究和定量研究的区别，访谈过程中提出的问题尽量采取开放式问题、避免封闭式问题，以期获得访谈对象关于微信用户主动和被动使用动机的更多真实看法。

（1）访谈对象。不同于定量研究对样本量的关注，深度访谈研究的样本量通常很小（孙晓娥，2012）。深度访谈研究通常选择数量少而典型的对象，个案的数目甚至可以小到不足以进行类推（Welch and Patton，1990）。同时，深度访谈研究对样本质量要求更高，需要选取的样本可以准确、完整地回答研究问题。本书采取了深度访谈研究中最常见的目的性抽样方法（purposive sampling），以确保访谈对象可以为主要研究问题（微信使用）提供最大信息量。本书仅招募至少使用微信 1 年以上，并且经常使用微信的用户（至少每

天使用一次）［参考的布兰茨格（Brandtzaeg）等（2010）研究］。根据前面
定量研究的结果，年龄可能会显著影响微信的不同使用行为，鉴于微信的主
要用户群体为 18~35 岁（腾讯，2015），并结合前面问卷调查中年龄分布情
况，本书以 35 岁为分界线，分别抽取 35 岁以下和 35 岁以上用户群，以进一
步区分访谈对象年龄的差异性，获取更大信息量。此外，由于本书采取面对
面访谈的形式，访谈对象的选择限定为居住地为重庆。

　　总的来说，本书抽取访谈对象的条件为：①至少使用微信一年以上，并
且经常使用微信的用户（至少每天使用一次）；②年龄以 35 岁为界限，分别
选取小于 35 岁（访谈对象年龄从 17 岁到 28 岁，M=23）以及 35 岁以上的
访谈对象（访谈对象年龄为 36~67 岁，M=48）；③平衡男性和女性用户；
④居住在重庆。根据这些条件，本书从之前问卷调查的被试者中抽取了 30 名
被试者，根据其留下的联系方式与其取得了联系。在介绍了本次访谈的目的
后，9 位同意进行访谈，并约定访谈时间和地点。由于之前问卷调查获取的
样本中，小于 18 岁的被试者仅 4 人，均为男性，且不在重庆；而大于 55 岁
的 12 名被试者均不在重庆，其中，仅 3 名被试者（55 岁以上）留下了联系
方式，且联系之后均未回应。因此，本书通过在微信朋友圈、百度贴吧、豆
瓣、微博等社交网络上采取发布招募信息的方式，另外招募了 10 名访谈对
象，年龄分别为 18 岁以下和 55 岁以上。取得了联系方式后，在介绍了本次
访谈的目的后，仅 3 名人员同意参与访谈，并约定访谈时间和地点。参考林
肯（Lincoln）和古巴（Guba，1985）的研究，最终访谈人数为 12 人，详细
信息如表 5.8 所示。

表 5.8　　　　　　　　　　**访谈对象基本信息**

访谈编号	访谈对象	年龄	职业	学历	籍贯	访谈地点	访谈时间	微信使用年限	每天使用微信时间
1	A 男士	26	重庆某高校学生	博士	河南	重庆某咖啡馆	一个半小时	4 年	一两个小时
2	B 女士	23	重庆某高校学生	硕士	四川	重庆某高校办公室	一个半小时	4 年	四五个小时
3	C 男士	25	重庆某保险公司业务员	高中	重庆	重庆某高校办公室	一个小时	6 年	三四个小时

续表

访谈编号	访谈对象	年龄	职业	学历	籍贯	访谈地点	访谈时间	微信使用年限	每天使用微信时间
4	D女士	17	重庆某高校学生	专科	重庆	重庆某高校教室	一个小时	2年	三小时以上
5	E男士	48	重庆某公司研发人员	大学	湖南	重庆某咖啡馆	一个小时	8年	两三个小时
6	F男士	17	重庆某高校学生	大学	湖北	重庆某高校教室	七十分钟	1年	两三个小时
7	G女士	28	重庆某高校学生	博士	河南	重庆某高校办公室	一个半小时	7年	一个多小时
8	H女士	38	重庆某互联网公司运营人员	本科	重庆	重庆某咖啡馆	两个小时	5年	八个小时
9	I男士	44	重庆某装修公司经理	小学	重庆	重庆室外	四十五分钟	3年	三四个小时
10	J女士	52	重庆某高校宿管人员	高中	重庆	重庆某宿舍楼	半小时	五六年左右	一两个小时
11	K女士	36	重庆某美容院工作人员	高中	重庆	重庆某美容院	两个小时	五六年左右	不确定，有点长
12	L男士	67	重庆某高校退休人员	博士	重庆	重庆某高校办公室	半小时	七八年左右	一个多小时

（2）访谈内容。访谈提纲的内容主要包括对微信使用的性别和年龄差异的看法，微信的基本使用情况，微信不同使用行为的影响因素和习惯等问题（见附录D）。在完成访谈提纲初稿后，与2名心理学和管理学教授进行了讨论，并对访谈提纲进行了进一步的完善。在初期访谈过程中，邀请了一名心理学教授参与并主持访谈；另一名研究人员负责笔记。为了便于后期访谈资料的整理，在征得访谈对象同意的情况下，对部分访谈内容进行了录音。12次访谈时长从半小时到2小时不等，12次访谈的完成时间约为3个月。每次访谈结束，研究人员注意及时将访谈录音转为文字资料、整理访谈资料和备忘录，如有信息缺失的情况，研究人员会联系访谈对象进行补充。为了保证文字稿的准确性，每次访谈录音的文字稿至少经过两次以上的人工校对，最终得到12份文字稿，访谈录音文字稿共计13万余字，其中，最少字数为3839个字，最多字数为22266个字。

5.3.2.2　资料分析

本书采取扎根理论和内容分析的方法对收集的访谈资料进行分析，扎根理论的第一步就是对访谈资料进行编码。编码指的是依据不同的标准对访谈资料的内容进行递进式的归纳和总结（孙晓娥，2011）。根据施特劳斯（Strauss）和科尔宾（Corbin，1990）的研究，常见的三级编码过程分为：一级编码（开放式编码）、二级编码（关联式编码）以及三级编码（核心式编码）。

在对访谈资料的处理过程中，本书采用了 NVivo 12 软件来辅助访谈资料的编码。NVivo 12 是澳大利亚 QSR 公司开发的一款质性分析软件，该软件可以有效地辅助分析文字稿、音频、视频等多种数据文件，是当前质性研究中常用的一款计算机辅助编码软件。NVivo 12 软件不仅支持自动编码功能，通过软件整理原始资料中出现频率较高的词汇自动形成编码；同时也提供了手动编码功能，研究人员可以通过选择原始资料中部分段落或者句子提取出相关范畴形成编码。NVivo 12 软件中"节点"即为编码，代表着不同的概念或者范畴（见图 5.3）。其中，自由节点对应一级编码（即开放式编码），代表着从访谈资料中提取的初级概念或范畴；然后通过整理节点的层级形成树节点（包括父节点和子节点），对应着二级编码（关联式编码）过程。研究人员还可以通过进一步借助该软件的案例、关系、图等功能完成扎根理论的后续编码过程。

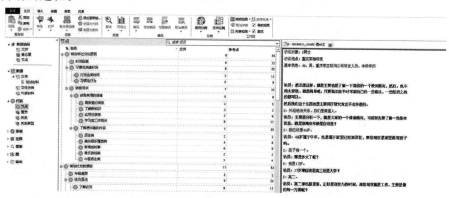

图 5.3　NVivo 编码示例

（1）开放式编码。开放式编码指的是将整理好的访谈资料不断概念化，逐级缩编形成概念和范畴（Eisenhardt，1989）。为了保证编码的系统性，本书采用"访谈编号→段落编号→语句编号"的编号顺序对访谈文字稿进行逐句人工手动编码。根据开放式编码的要求，本书对 12 份访谈资料的内容进行反复分析和提炼，形成初步的概念化范畴。如图 5.4 所示，本书在开放式编码过程中最终建立 373 个自由节点（即编码），参考点为节点在访谈资料中的出现次数，本书最终归纳出 34 个初始范畴（见表 5.9，出于文章篇幅考虑，每个范畴仅列举了两个示例）。

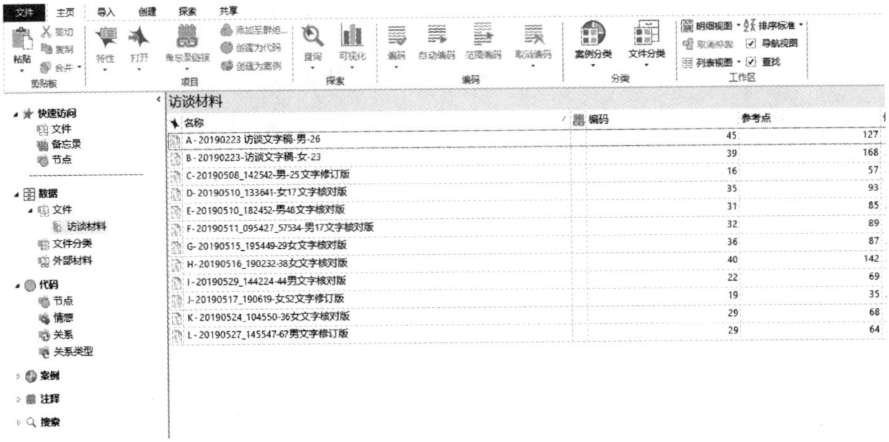

图 5.4　NVivo 编码汇总

表 5.9　　　　　　　　　　　　　　　开放式编码范畴化

范畴	原始资料语句示例（初始概念）
打发空闲时间	D－10－9 大多数是晚上吧，晚上收拾完坐着闲下来，到上床的那段时间，就去看一下自己公众号（闲下来看——打发空闲时间） F－4－2 就没事干，然后就随手刷一下（没事做——打发空闲时间）
获取高质量信息	A－8－3 现在信息太多了，我也是考虑过，觉得接收一些质量比较高的信息要好一些（获取高质量信息） H－3－5 晚上的话，会看一些深度的文章，阅读的，例如说，21 世纪经济报道呀，对当前一些时事要事的深度的分析呀、一些评论（深度文章——高质量信息）
习惯性行为	B－6－5 下意识的每天都会刷一遍，朋友圈、公众号啊，就看一看（下意识行为——习惯性行为） A－7－2 我每隔一段时间就会一个个挨着点进去看看，但是有些朋友圈设置的仅三天可见（每隔一段时间——习惯性行为）

续表

范畴	原始资料语句示例（初始概念）
了解新知识	A－8－1 这个时候会看一些关于历史的，挺有意思的，还能知道点新东西的（知道新东西——了解知识） L－6－13 一些什么新的东西啊要看一下（新东西——了解新知识）
了解学习或工作相关内容	B－16－3 就我们专业的话就稍微比较关注一点经济类的事件，感觉自己对自己更有用的信息（专业相关——学习或工作相关内容） C－5－4 一个是工作方面的，还有就是区块链方面的，另外的基本上没有了（工作方面——学习或工作相关内容）
获取实用性信息	E－16－4 例如说这种某个地方的生活通，广州生活通、深圳什么通，跟你的生活息息相关嘛，你看看有没有什么优惠措施，有没有什么地方打折（打折优惠——实用性信息） K－13－3 吃的啊，用的啊，什么医院的也可以挂号啊这些，还有些玩的啊（吃喝玩乐用——实用性信息）
了解感兴趣的内容	A－7－8 如果我看到的新消息觉得感兴趣的话，我会点进去看看（感兴趣——了解感兴趣的内容） H－3－4 早间财经新闻，就是互联网相关的一些行业的新闻（新闻——感兴趣的内容）
了解近况	B－13－2 会有一定时间间隔的去看一下我的朋友都发生了什么，这种感觉，就定时的去看看大家都在干什么，或者大家都在发什么状态（看大家在做什么——了解近况） E－7－8 去看你那些朋友，有些人喜欢发些东西嘛，你就可以看看他的状态是怎么样的（看朋友的状态——了解近况）
时间因素	D－13－8 白天可能朋友圈刷的比较多（白天多——时间因素） H－3－2 早上看，中午看，晚上看。早上、中午、晚上内容不一样的（时间因素）
了解某个人	G－16－3 对他这个人好奇，我如果是点开他的朋友圈，就是我对他这个人不熟悉（对人好奇——了解这个人） H－8－5 如果我愿意去看你的朋友圈，就证明我对你的过往感兴趣（对某个人感兴趣——了解这个人）
感知享受	G－13－9 发了之后会心情变好一点（心情变好——获得愉悦） D－10－2 还是挺开心的，其实偶尔能分享一下自己最近发生的事，有时候会觉得挺开心的（感到开心——获得愉悦）
工作类型	K－8－5 工作的话也是看他做什么工作，销售可能多一点，如果是事业单位可能发的少一点（工作类型） E－12－3 例如说像我们这种就是直男嘛、就是工科男嘛，确实比较少发那些东西，但有一些例如你要去像我们一些企业家的朋友或者做业务的朋友，他们经常发的东西就鸡汤的东西也比较多（工作类型）
小孩的差异	G－21－1 没小孩之前不怎么发，嗯，有小孩之后就很喜欢发孩子（有没有小孩） K－4－10 以前发的多一点，现在就小孩有趣的时候才会发，出去玩的时候，拍一下发一下（小孩年龄）

范畴	原始资料语句示例（初始概念）
结婚与否	K-11-4 真的有那种 30 岁左右但没结婚，自拍会多点（未婚） K-14-5 相对而言可能结了婚以后就会很少发朋友圈了，你看我妹妹，她会给自己营造一个我并不孤独的状态，你看谁结婚了就发的少了，因为有人分享了，你觉得那个对你来说并不重要了（未婚与已婚）
性别差异	A-1-1 女生大多会在朋友圈发一些与生活，情感有关的内容（女生多生活和情感——性别差异） C-3-1 例如说女生的话，她的生活圈子啊，她喜欢出去旅游，她喜欢拍照什么的，心情好不好，她都喜欢发到朋友圈里面去。男生的话，比较说不喜欢就是把自己的生活状态展现给别人看（女生多生活而男生少——性别差异）
有对象与否	D-14-7 就比如说，可能男生如果有对象呢，他可能发的朋友圈大多数就是和自己女朋友。差不多大概就是住 85% 以上的朋友圈，都是和自己女朋友有关的，如果没有女朋友大多数就选择不发（有对象时候发的多） F-6-6 我有一个，就是他发的基本都是秀恩爱的，然后分手……分手之后就发游戏，基本上是游戏，每天都是游戏（有对象和没对象的差别）
表达自己的想法或观点	G-17-4 因为我们发朋友圈的话，就是自己内心的想法，属于自己的东西（内心的想法——表达自己的想法） H-10-5 我觉得他发的那句话或者这篇文章，我觉得我有自己的观点，我想去表达，甚至有一次，当时有点激烈，我觉得他的观点是错的，我认为他如果问起来，我会给他一些引导（表达自己的观点）
表达自己的心情或感受	C-3-1 心情好不好，她都喜欢发到朋友圈里面去（表达心情） D-5-3 和闺蜜大多数就是心情不好或者是发生了什么趣事，然后就会去想跟她说一句，想给她分享（分享心情或感受）
展示自己的生活	B-11-2 例如说我今天做了什么我平时不想要做的事情，我觉得很好玩，我只觉得这个拍的照片很美，我觉得是干什么那种的，就是阶段性的开学了，回家了（展示自己的生活） J-3-7 就是一般会发风景，出去玩耍啊旅游啊这些（风景旅游——展示自己的生活）
年龄差异	C-3-7 我的话跟他们聊的不多，我就是看他们聊得比较多，他们每天都会在群里面说话。都是长辈说得比较多，我们小辈的话一般都不怎么说（长辈说话多——年龄差异） D-4-5 其实家族群里大多数就是父母、长辈之类的，他们自己聊他们的，我们作为小辈，大家都是就只看不发言的那种，就只有必要的时候，嗯，有些家长，他可能会问一下你在干什么？你最近怎么样？然后你才可能会去回复一下（长辈说话多——年龄差异）
学习或工作沟通	C-1-13 工作方面的，例如说公司内跟工作相关的，还有跟外面业务上面的沟通这种（业务沟通——工作沟通） A-3-5 大多数还是看看师门或者其他群有没有什么通知（学习通知——学习沟通）
维持社交联络	A-4-9 还有临时建的，例如之前有同学要结婚了，临时建个群，讨论一下出多少"份子"钱（临时讨论——社交联络） J-3-2 没有，除非有事情才会主动去跟别人说（有事联系——维持社交）

续表

范畴	原始资料语句示例（初始概念）
日常交流	A-3-4 他们整天都在家族群里说话，经常在群里问候吃饭，甚至拍个短视频发过去（日常问候——日常交流） D-4-7 会聊一下自己最近怎么样，大多数问一下近来的一些状况之类的，就是例如说，家里人嘛，因为比较多，老人之类都可能会有对吧，就是说家里人会谁身体有点状况，然而就会就说一下，例如说今天外婆好像生病了，你打电话问一下吧，就是说一些家庭常事吧（日常闲聊——日常交流）
表达祝福或感谢	G-23-9 我同学订婚了，点个赞啊、恭喜恭喜啊（祝福） B-7-6 如果在那种很大的家人群的话，如果我领了红包还是要发言一下的（表示感谢）
表达关注或关心	C-8-4 点赞之后会问一下你最近在干什么。或者说，有时候女生的话，她会说她失眠，或者是哪里不好的，我会给她推荐一些药品，或者说让她自己去买吃。其他的就没了（表示关心） H-10-1 第一个是表示我关注了他，第二个人其实发了一个朋友圈过后，或多或少都会期待被别人关注，我看了但是我点赞了比看了不点赞，我觉得让他更有满足感（表示关注）
节日问候	F-21-3 就逢年过节的时候，祝他们节日快乐（节日问候） H-22-4 春节或者说还有就是长辈过生日啊之类的（节日问候）
表达认同或赞赏	D-7-1 对啊，我就是看着不错，我才会去点赞，不会因为我认识你或者和你关系比较好的，才会去点赞（看着不错——表示认同） E-8-5 就是我觉得他发的东西挺有意思，我点个赞，如果他发的那些文章呢，我看了之后有意思，比较受启发，我觉得有点用也可以点个赞（有意思、受启发、有用——表示认可或赞赏）
发朋友圈	C-2-3 除了工作朋友圈以外，我基本上都不会发私人的，私人的微信也不会发朋友圈（发朋友圈） I-6-4 我们就是房子完了工，就会把图片发个朋友圈（发朋友圈）
聊天	J-3-1 视频和说话，联系频率不准，有时候他也很忙（视频或说话——聊天） I-4-11 他找我聊得多，有时候没钱了就找我要嘛，没了钱了嘛，要么就在微信上和我说，爸爸，发点钱呀没钱了（父子——聊天）
群聊	C-3-5 一般都是家族群，就是家人群那种聊天，或者说跟家人开一个视频，打打语音通话之类的（家族群——群聊） L-5-7 群啊，就是家里面的嘛、亲友嘛，还有嘛，同事的，还有以前的行业的嘛，那个专业的行业嘛，还有以前的同学嘛，就这些（各种各样的群——群聊）
点赞	A-5-7 举个例子，我原来的室友发了一个朋友圈，把小人（nobody）理解成了大人物（somebody），我们当时都点赞了（点赞） J-4-7 一般都会去点赞，一般看了就会点（点赞）
评论	I-5-6 基本上都不会去评论（评论） E-9-3 偶尔也是要评论一下的（评论）
看朋友圈	I-8-5 我看朋友圈的时候少（看朋友圈） H-7-9 上厕所呀，然后早上坐公交车的时候会不方便看其他的，要么听歌刷一下朋友圈，就是这样的（刷朋友圈）
看公众号	K-13-3 有时候有消息就翻一下，或者有需要的时候吧（看公众号） E-5-4 就是公众号的话，然后他又有更新了，就去看嘛（看公众号）

（2）关联式编码。关联式编码是在开放式编码的基础上，对形成的初始范畴进行进一步的归类和层级排列，发现和建立范畴之间的关系。本书首先对开放式编码后形成的范畴中相似性高、属于同一类别的范畴进行了归类；其次根据子节点之间的关系和类别归纳出对应的父节点。本书发现，微信主动和被动使用行为及内在动机存在一定的范畴归类（见表5.10和表5.11）。

表5.10　　　　关联式编码形成的主范畴（主动和被动使用行为）

主范畴	对应范畴	范畴的内涵
主动社交使用行为	点赞	用户对朋友圈中好友发布状态的点赞行为
	评论	用户对朋友圈中好友发布状态的评论行为
	聊天	用户与其他微信好友的聊天行为
	群聊	用户参与各种群的聊天行为，例如家族群、好友群、工作群、兴趣群等
主动非社交使用行为	发朋友圈	用户在朋友圈中以文字、图片、视频或者链接等形式发布状态的行为
被动社交使用行为	看朋友圈	用户点开朋友圈功能、查看和浏览朋友圈中好友发布状态的行为
被动非社交使用行为	看公众号	用户查看和浏览公众号文章的行为

表5.11　　　　　　关联式编码形成的主范畴（动机）

主范畴	对应范畴	范畴的内涵
感知享受	感知享受	用户感到愉悦、开心或者享受的程度
习惯性消遣时间	习惯性行为	用户下意识地、习惯性在某个时间或者隔段时间去做某事的行为倾向
	打发空闲时间	用户在无聊的时候、没事做的时候、空闲的时候的选择
	时间因素	与习惯性行为或者打发时间相似，更强调用户行为的时间偏好或者时间差异
自我表达	表达自己的想法或观点	用户希望表达和展示自己的观点和想法
	表达自己的心情或感受	用户希望表达或宣泄自己的心情和感受
	展示自己的生活	用户希望展示自己多种多样的生活状态，例如日常生活、孩子和家庭、旅游等
	表达感谢或祝福	用户希望表达自己对他人的感谢或祝福
	表达认同或赞赏	用户希望表达自己对他人或某件事的认同或赞赏
	表达关注或关心	用户希望表达自己对他人的关注或关心

续表

主范畴	对应范畴	范畴的内涵
信息寻求	获取高质量信息	用户对获取信息质量有较高要求，希望获取有深度、高质量、客观且正规的信息
	了解新知识	用户希望可以了解更多自己不知道的、更新颖的内容
	了解学习或工作相关内容	用户希望可以了解与工作或者学习相关的有用的信息
	获取实用性信息	用户希望可以获取与生活相关的、实用性强的信息，例如折扣或生活指南等
	了解感兴趣的内容	用户希望了解自己与兴趣相关的、有意思的内容，例如历史、新闻、情感、养生等
社交互动	了解近况	用户希望了解大家最近在做些什么、了解好友的近况
	了解某个人	用户希望了解某个人的过往，更强调对某个人以及其过往感兴趣
	工作或学习沟通	用户希望实现工作或者学习上的沟通，例如在线会议、通知、文件传输、业务交流等
	节日问候	用户希望实现在节假日或生日时对亲朋好友的问候和祝福
	日常交流	用户希望可以实现与亲朋好友闲聊日常生活的琐碎，实时分享生活的点滴
	维持社交联络	用户希望可以实现维持与亲朋好友的人际关系和联络，例如有事联系等
个体差异	性别差异	男性和女性用户在行为上体现的不同
	年龄差异	年轻和年长用户在行为上体现的不同
	工作类型	不同的工作类型以及有无工作在行为上体现的不同
	有无对象	有无对象在行为上体现的不同
	结婚与否	结婚与否在行为上体现的不同
	小孩的差异	有没有小孩以及小孩的年龄在行为上体现的不同

（3）核心式编码。核心式编码是在前面关联式编码的基础上，根据相互之间的关系进行梳理，进一步整理出核心范畴。核心式编码与关联式编码差别不大，只是进一步梳理了范畴之间的关系，形成影响因素的理论框架。本书将核心问题概念化，形成了四条故事线，即"微信主动社交使用行为及其影响因素""微信主动非社交使用行为及其影响因素""微信被动社交使用行为及其影响因素""微信被动非社交使用行为及其影响因素"（见图5.5）。

（4）信度检验。编码由两名研究人员独立完成。本书通过 NVivo 12 软件的"编码比较"功能对两名研究人员的编码进行了信度检验。结果显示，

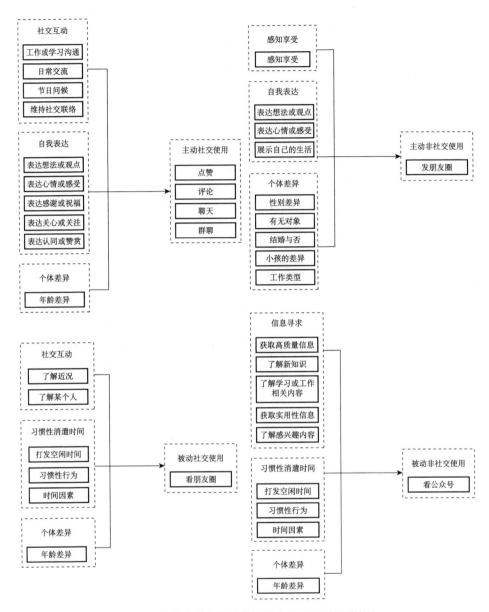

图 5.5　微信主动和被动使用行为及其影响因素框架

Kappa 系数均高于 0.8、编码一致性分数均高于 90%，表明节点编码具有良好的信度且可以被接受（见表 5.12）。

表 5.12　　　　　　　　　　评分者信度检验结果

访谈对象资料	Kappa 系数	一致性分数（%）
A 男士	0.871	94.43
B 女士	0.906	96.16
C 男士	0.898	96.82
D 女士	0.923	97.32
E 男士	0.848	95.80
F 男士	0.835	96.69
G 女士	0.962	99.26
H 女士	0.834	96.72
I 男士	0.884	96.17
J 女士	0.908	97.40

5.4　结果讨论

本书旨在探讨社交网络用户主动和被动使用行为背后的不同动机及其作用过程。通过探索性因子分析，确定了微信使用的五个动机：感知享受、习惯性消遣时间、自我表达、信息寻求和社交互动。通过后续定量分析和深度访谈，进一步检验并深入分析了不同动机对不同行为的影响过程。

5.4.1　感知享受

定量研究和质性研究结果均显示，感知享受动机仅积极影响微信用户的主动非社交行为。这意味着，微信用户选择发布文字、照片、视频或者链接等形式更新朋友圈，可能是因为这个行为可以为他们带来愉悦和享受需求的满足。例如，研究二中，受访者 D 女士谈道："还是挺开心的，其实偶尔能分享一下自己最近发生的事，有时候会觉得挺开心的。"受访者 K 女士谈道："我妈也是，发我小孩的朋友圈还说谢谢大家的点赞，她觉得很好玩。"这一结果与斯莫克等（2011）的研究结论一致，感知享受动机在影响用户使用社交网络中起着关键性作用。甘春梅（2017）的研究也表明，当微信用户分享和发布自己感兴趣的信息时，这一过程会为其带来一种乐趣和娱乐性满足。

5.4.2　习惯性消遣时间

研究结果显示，习惯性消遣时间仅显著积极影响微信用户的被动使用行为，包括被动社交和被动非社交使用，这一结果在定量研究和质性研究中均得到证实。这就意味着，当微信用户感到无聊或者没有什么事情可做时，他们通常会习惯性地浏览微信中的内容。通过质性研究的深入分析，习惯性消遣时间动机对用户两种类型的被动浏览行为的影响均体现为两条路径（见图5.5），一种情况是，用户打开微信浏览朋友圈或者公众号的内容属于下意识的举动或者习惯性的行为倾向。

例如，受访者 B 女士在访谈中谈道："下意识的每天都会刷一遍，朋友圈、公众号啊，就看一看。"受访者 D 女士在被问到什么时候会看公众号时回答："也有就是睡前习惯性地点进去看一下发生了什么或有什么好玩的一些新闻之类的，都会点。"受访者 E 男士谈到朋友圈时说道："习惯了已经，形成一个习惯了，比如说习惯了晚上睡觉之前，就刷一遍朋友圈，然后早上起来看一看，这种是必须的，这是功课，必做的功课。"受访者 A 男士也谈道："我每隔一段时间就会一个一个挨着点进去看看，但是有些朋友圈设置的仅三天可见。"

另一种情况就是，用户会在无聊的时候/没事做的时候/空闲的时候或者出于打发时间的考虑，而选择被动浏览朋友圈或者公众号的内容。

例如，当被问到什么时候会去看公众号的时候，受访者 A 男士表示："打发时间的时候会看一下，例如刚吃完饭的时候……打发时间的时候会仔细看，新闻浏览一遍就行了。"同时，受访者 G 女士也谈道："消遣时间啊，饭后这个时间睡觉有点早，刚吃完饭，然后又到了办公室了，又坐在那里了，所以这个时间就天时地利人和，对我来说很适合看一些公众号，很适合看一些知识，又不费脑。"当被问到什么时候看朋友圈时，受访者 I 男士说道："空了看……就像是现在没什么事了，就会打开微信翻开朋友圈看看。"受访者 L 男士也表示："没事儿的情况下看一下（朋友圈）。"

除了微信以外，脸书也是用户消遣时间的重要渠道，使用脸书可以算是用户繁忙生活中的一种业余爱好（Smock et al.，2011）。不过，全哈希（Quanhaase）和杨（Young，2010）的研究显示，消遣时间动机与脸书状态更新的频率积极相关。这一结论与本书结果相反，本书并未发现习惯性消遣时间动机对主动非社交使用行为的显著影响。这也就是说，尽管脸书和微信均被用户视为一种打发时间的渠道，但是两者在行为表现上有所不同。脸书用户可能喜欢通过发布状态来打发时间，而微信用户更多地会选择浏览朋友圈的好友状态或者公众号的文章信息来打发时间。

有趣的是，研究二的深度访谈结果显示，用户浏览朋友圈或者公众号的行为与时间因素还存在一定关联。用户更多地会选择在早上浏览公众号，而在晚上浏览朋友圈。导致这一现象的原因可能是因为早上作为一天的开始，更容易接收信息和处理信息。

例如，受访者 B 女士表示："如果是早上的话和睡前，更倾向于看公众号的内容……早上起来比较新鲜，就感觉可以读点什么，因为处于一种重新开机的状态（公众号）。"受访者 H 女士表示："公众号的话，早上看，中午看，晚上看。早上、中午、晚上内容不一样的……早晨会看新闻。早间财经新闻，就是互联网相关的一些行业的新闻（公众号）。"受访者 A 男士表示："白天不会去刷朋友圈，晚上会看朋友圈（朋友圈）。"受访者 B 女士表示："我觉得中午、晚上就是比较倾向于看朋友圈的内容（朋友圈）。"受访者 E 男士表示："晚上看朋友圈比较多，晚上因为时间比较充裕点嘛，因为中午或者上班时间，毕竟你只粗略地看一下，嗯，你没有仔细去看他发的东西，有些发的东西很长，你也不可能说看，就是扫过去（朋友圈）。"

5.4.3　自我表达

研究结果显示，自我表达动机显著积极影响微信用户的两种主动使用行为，即主动社交使用和主动非社交使用行为。有趣的是，研究二的深度访谈结果还显示，自我表达动机对两种主动使用行为的影响路径存在一定差异。

自我表达动机对用户主动社交使用行为的影响路径主要体现为五个方面：表达自己的想法或观点、表达认同或赞赏、表达关心或关注、表达自己的心情或感受、表达祝福或感谢（见图5.5）。

例如，受访者 G 女士表示："例如我师姐，她的那个论文外审过了开心点个赞。发个那个祝贺啊一起约起来。然后我同学订婚了，点个赞啊恭喜恭喜啊（表达祝福）。"受访者 J 女士说道："一般朋友圈都是朋友撒，都会给他们点赞……是的，让他晓得我在关心他（表达关心）。"受访者 D 女士说道："会聊天。和闺蜜大多数就是心情不好或者是发生了什么趣事，然后就会去想跟她说一句（表达心情或感受）。"受访者 A 男士说道："评论的时候也有，比较短，对那些很熟的人，有什么想法会直接写，不用顾虑那么多，不太熟悉的人评论较少，因为不一定清楚别人发的内容想表达什么，怕被误会是幸灾乐祸之类的（表达自己的想法）。"受访者 L 男士回应："人家说的比较好嘛（会点赞或评论）（表达自己的认同或赞赏）。"

而自我表达动机对用户主动非社交使用行为的影响路径主要体现在三个方面：表达自己的想法或观点、表达自己的心情或感受以及展示自己的生活（见图5.5）。

例如，受访者 D 女士表示："我只有心情不好的时候采用一种，怎么说呢，就是发的东西即使心情不好也不会特别直接地告诉他们心情真的特别不好，但是就会有一点小小的拧巴的那种，发一些平时不会用的表情之类的，可能心情真的特别不好，我会去找一些比较搞笑的那种表情包，那种又能表达感情，它上面可能会有一些配图之类的，但是，那些配图呢，又是表达你现在内心的心情的，我会去选择这种比较愉快的发泄方式，才会去发朋友圈（表达自己的心情或感受）。"受访者 G 女士表示："就失眠的时候吧很喜欢发。因为夜深人静，然后自己就会思考些东西就发了……因为我们发朋友圈的话，就是自己内心的想法，属于自己的东西（表达自己的想法或观点）。"受访者 E 男士表示："没有那么频繁，有些人发，例如说，吃什么东西发，大家去玩了发朋友圈（展示自己的生活）。"

以往研究指出，社交网络平台为人们提供了一种可以自由表达自己想法和观点的场所（Chiang and Hsiao，2015）。本书的结果与斯莫克等（2011）的研究结果一致，他们指出，受到自我表达动机的影响，社交网络用户通常会通过分享到群组（主动社交）中或者发布状态（主动非社交）的形式表达自己的想法或心情。也就是说，当个体希望有人可以听见自己的声音，或者想要告诉他人一些关于自己的事情时，他们可能也会选择主动与他人聊天或者发布状态的形式来表达自己的想法或心情。当用户想要多方位地展示自己的生活时，他们通常会选择发朋友圈；而当用户想要表达自己的关心、赞同或者祝福时，他们通常会选择聊天、点赞或者评论等主动社交使用活动。

5.4.4　信息寻求

研究一和研究二的结果均显示，信息寻求动机仅积极影响微信用户的被动非社交使用行为，换而言之，用户浏览公众号的文章和内容是为获取多种信息。通过深度访谈发现，信息寻求动机对用户被动非社交使用行为的影响主要体现为获取有用的信息和了解感兴趣的内容。其中，获取有用的信息包括获取高质量信息、了解新知识、了解学习和工作相关内容以及获取实用性信息四个方面（见图5.5）。

例如，受访者 H 女士说道："看一些深度的文章，阅读的，例如说，《21世纪经济报道》呀，对当前一些时事要事的深度的分析呀、一些评论……这种公众号，在网上有很多。但它是我见过的涵养最深、最客观、最冷静、最具有包容，而且是每天坚持更新。它的公众号是做得比较好的。第一个是配有音乐，反正符合这篇文章的内容；第二个是当下一些见解不会很刻意去犀利地批判哪种行为；第三个是它会送你首诗歌，全都是国外的……它就很包容。我去看了一个问题，让你自己慢慢去剖析这段关系什么走势，然后通过一些两性心理学去帮你梳理，但在最后评判由你自己来决定（获取高质量信息）。"受访者 A 男士表示："例如刚吃完饭的时候，这个时候会看一些关于历史的，挺有意思的，还能知道点新东西（了解新知识）。"受访者 E 男士说道："然后有一些就是例如说跟你的那个所谓生活很相关的，例如说这种某个地方的生活通，广州生活通、深圳什么通，跟你的生活息息相关嘛，你看看有没有什么优惠措施，有没有什么地方打折……其他类型的公众号，用得多的就是这些嘛，其他我就是偏实用，例如说福特的那个东西，就是你的车子是什么，然后还有一些都是实用的（获取实用性信息）……一个是学习的类型的，就是可以上面找资料，而且对工作有帮助的，那个公众号看的勤嘛（了解学习或工作相关内容）。"

了解感兴趣的内容也是用户浏览公众号的关键动机，诸如历史类、美妆类、娱乐类、情感类、中医养生类、音乐类、时事新闻类以及游戏类等内容。

例如，受访者 A 男士表示："如果我看到的新消息觉得感兴趣的话，我会点进去看看……我看的公众号一部分就是自己感兴趣的，还有一部分就是比较主流的，正能量的，不会去看一些小众的，偏激的观点……有趣的，例如我看过气候对明朝的灭亡的影响，文章很长，数据很多，我会点开看看，大概知道在说些什么就好了，不会很仔细地看（历史类）。"受访者 B 女士谈道："看的公众号比较学术的那种，人民日报那种，新闻周刊那种的，然后就是娱乐一点的，还有就是情感类的，比如说什么，了解自己啊或者什么，分析一些感情的那种……有就是美妆衣服之类的还有就是游戏（时事新闻、美妆、娱乐、情感、游戏）。"受访者 G 女士谈道："有新闻，例如人民日报啊，央视新闻啊，这些新闻消息……还有历史故事，例如喜欢历史，就兴趣的这些东西……有，例如养生，养生的每天都会看……嗯，他推到内容，我比较感兴趣（新闻、历史、养生）。"

以往研究证实，信息寻求是社交网络用户使用的一个强有力的预测因素（Dhir and Tsai，2017）。腾讯（2016）报告也显示，公众号是微信用户每天都会使用的主要功能；3/4 的微信用户表示，他们浏览公众号的文章是出于获取最新消息和感兴趣的信息的目的。这与研究二的结果不谋而合，用户浏览公众号的行为多是出于获取有用的或者感兴趣的信息的目的。不少受访者表示浏览公众号是为关注一些高质量/正规的内容，可以了解新知识或者为了获得一些实用性的当地信息或折扣等。不过，研究一结果显示，信息寻求动机并没有显著影响微信用户的主动使用行为，这表明，个体一般不会通过在微信上主动发布状态或者与他人互动的方式寻求信息帮助。

5.4.5　社交互动

作为典型的社会性需求，社交互动动机与微信用户的主动社交使用行为和被动社交使用行为均显著积极相关。微信提供多种移动通信服务，例如文字或语音，便于用户即时与好友互动聊天，达到人际交往的目的。此外，浏览朋友圈有助于微信用户了解最新的好友动态，从而达到保持联系的目的。深度访谈的分析结果显示，社交互动动机对用户主动社交使用行为和被动社交使用行为的影响路径有所不同，其中，社交互动动机对用户主动社交行为的影响主要体现在四个方面：出于学习或工作沟通的目的、出于节日问候的目的、为了日常交流以及为了维持社交联络（见图 5.5）。

例如，受访者 C 男士说道："聊家庭关系之类的，就是今天你在干什么？吃什么，然后明天有没有什么事……就是最近过得怎么样？你在那边怎么样那种……聊天就会聊一下，说近况怎么样，这几天怎么样，例如说你结婚了呀，你们家孩子多大了呀（日常交流）……大概三四个小时吧。例如，早上起来的话，会看一下工作群里面有没有发什么通知，要看一下他们聊天记录，就这样……就是聊天。例如说工作上面有个通知需要去做什么，然后需要回答一下。然后还有就是看一下公司发的文件，收藏一下（工作沟通）。"受访者 F 男士说道："家族群一般比较，除非逢年过节……就逢年过节的时候，祝他们节日快乐（节日问候）。"受访者 I 男士说道："像有啥子事情这些就会在群里吼两声，或者就是哪天约起去哪里耍呀……就是几个好友呀，关系好的几个会建个群啊，或者想去哪里一起耍呀，或者打个麻将啊这些，就会建个群（维持社交联络）。"

而社交互动动机对用户被动浏览好友状态（被动社交使用）的影响主要体现在两个方面：为了了解他们的近况或者为了了解某个人（见图 5.5）。

例如，受访者 B 女士表示："会有一定时间间隔地去看一下我的朋友都发生了什么。这种感觉，就定时地去看看大家都在干什么，或者大家都在发什么状态……就是自己在做什么的时候就会怕你的同龄人比你多知道一些信息啊什么啊，可能自己通过别人在做什么来矫正自己……就是想看别人在干什么，就八卦不知道的（了解好友近况）。"受访者 G 女士说道："对他这个人好奇。我如果是点开他的朋友圈看，就是我对他这个人不熟悉……嗯，不熟悉，就例如我们刚才聊天，我们第一次见面，然后可能下一次你可能要约我或者回去想起来这个人，我觉得，你这个人挺有意思的，然后我就想了解一下，就打开你的朋友圈看（了解某个人）。"

社交互动动机是影响用户使用社交网络的关键性因素，这在以往研究中也已经得到广泛证实（Chiang and Hsiao, 2015；Smock et al., 2011）。微信作为中国最大的即时通信和社交网络的综合性软件，用户出于社交目的与他人进行聊天和互动已经非常常见，通常体现在日常交流、节日问候、维持联络等方面。值得注意的是，本书访谈的工作人士均表示很多时候会出于工作沟通（工作汇报、工作交接、业务交流、在线会议等）的目的而使用微信进行聊天。腾讯（2017）的报告也证实了这一结论，随着微信的普及，职业社交已经成为微信社交的重要环节。此外，腾讯（2016）报告指出，刷朋友圈已经成为网民社交的强需求。本书也证实，用户浏览朋友圈的主要社交动机就是为了了解好友的近况或者为了了解某个人。

5.4.6　性别和年龄

研究一考虑了两个控制变量：性别和年龄，结果发现，两者均没有显著影响微信用户的主动非社交使用行为。研究还显示，微信用户的主动非社交使用平均频率较低（$M = 2.69$，$SD = 0.869$），明显低于其他三种行为：主动社交使用（$M = 3.75$，$SD = 0.736$）、被动社交使用（$M = 3.30$，$SD = 0.795$）、被动非社交使用（$M = 3.20$，$SD = 0.944$）。这也就是说，无论是男性或者女性用户、年长用户或者年轻用户，其主动非社交使用行为都较少，且没有表现出显著不同。虽然在研究一的定量分析中，性别差异并没有对用户发布朋友圈的频率产生显著影响。但是，在研究二的深度访谈中，不少受访者表示在发朋友圈的内容上存在明显的男女差异。一般来说，女性用户多发布生活、情感等相关内容，而男士用户多发布工作等相关内容。

例如，受访者 A 男士表示："女生大多会在朋友圈发一些与生活、情感有关的内容……（男生）即使有也只是发一些与工作相关的内容，例如招聘信息，很少会发与自己生活相关的内容。"受访者 C 男士说道："例如说女生的话，她的生活圈子啊，她喜欢出去旅游，她喜欢拍照什么的，心情好不好，她都喜欢发到朋友圈里面去。男生的话，比较不喜欢把自己的生活状态展现给别人看。"受访者 E 男士表示："女性喜欢发那些例如说买衣服、旅游、逛街、美食，然后孩子、自己的伴侣，这些情况嘛，男性的话，就要发那些文章呢，我们发文章比较多。然后其他的那些生活上面的东西就没有那么多，但是也有一些人是喜欢发那些东西，十天半月发一下，但是相对来说女性多一些，男性少一些。"

深度访谈结果显示，性别和年龄没有对用户主动非社交使用行为产生统计显著影响的原因，可能在于其他多种个体差异因素的影响，例如有无对象、结婚与否、小孩的差异、工作的差异等（见图 5.5）。

具体来说，对于男性和女性用户而言，有没有对象可能会影响其发朋友圈的频率以及发布的内容。例如，受访者 A 男士谈道："就比如说，可能男生如果有对象呢，他可能发的朋友圈大多数就是和自己女朋友。大概就是 85% 以上的朋友圈都是和自己女朋友有关的，如果没有女朋友大多数就选择不发。发就是和自己朋友吃饭这些才回去发它……我也不知道为什么，特别是女生本来之前可能经常时不时你会刷到她的一些动态，有一天你发现她谈了恋爱有了对象之后，那反而会发的很少，然后发的每一条差不多就是和自己对象有关，就会出现两极分化：要不就是会每天发一些和男朋友有关的一些东西，要不就是很少去发朋友圈。"受访者 F 男士说道："我有一个朋友，就是他发的基本都是秀恩爱的，然后分手之后就发游戏，基本上是游戏，每天都是游戏……女生也是一样的。有男朋友的可能发的也多一些，那种秀恩爱的朋友圈。没有的话，就没有这个。"

此外，结婚与否、有没有小孩以及小孩的年龄也是影响用户发布朋友圈的重要因素。例如，受访者 G 女士说道："男生这个差别不大，但是婚前婚后有差别。男生结婚前不怎么发，不怎么发和自己家庭相关。结婚之后，就会发自己孩子。然后有对象和没有对象差别不大，但是结婚前和结婚后差别很大（结婚与否）。"受访者 K 女士说道："我觉得我孩子三岁都少些了，以前会说话了走路了就是一种记录嘛（小孩的年龄）……对，以前自拍多也会发一些嘛，现在自拍基本没发，或者与小孩合照，单独的自拍就不发了……真的有那种 30 岁左右但没结婚，自拍会多点。但是结婚了有了小孩了，小孩就多些（有没有小孩）……相对而言可能结了婚以后就会很少发朋友圈了。你看我妹妹，她会给自己营造一个我并不孤独的状态。你看谁结婚了就发的少了，因为有人分享了，你觉得那个对你来说并不重要了（结婚与否）。"受访者 H 女士说道："孩子这个时候也不怎么晒，初为人父的孩子要晒的更多一点（小孩的年龄）。"

工作与否（学生、退休或者在职）和工作类型也会影响用户的主动非社交使用。例如，受访者 A 男士表示："现在工作了的朋友，以前在校的时候发的朋友圈关于自己生活的比较多，现在上班了，发的关于工作上的朋友圈比较多，可能也挺忙的，没顾得上发关于自己的朋友圈。"受访者 K 女士说道："工作的话也是看他做什么工作，销售可能多一点，如果是事业单位可能发的少一点。"受访者 L 男士说道："就是他（退休的人）有些特别喜欢出去玩，然后一出去也要发朋友圈，包括我们学院退休的老师啊也有这些。"

此外，研究一的定量研究结果显示，性别显著负向影响了微信用户的被动社交使用行为。换而言之，相较于男性，女性用户可能更多地浏览微信朋友圈的好友状态。这与以往研究结果一致，女性用户会花费更多的时间被动使用社交网络以维持人际关系（Frison and Eggermont, 2016；Gan, 2017）。这一结果在研究二中也得到证实，出于社交互动动机而浏览朋友圈的受访者中女性数量（5 个）要稍稍高于男性（4 个）。

研究一的结果还显示，年龄显著消极影响微信用户的主动社交使用、被动社交使用和被动非社交使用行为。这也就是说，年长用户在微信上互动交流、浏览朋友圈好友状态或者浏览公众号信息的行为均显著少于年轻用户。这与以往的研究结论一致，相较于年长用户，年轻用户使用社交网络更频繁且花费时间更长（Hayes et al., 2015）。研究二的结果进一步分析了年龄差异产生的原因，可能体现在学习能力、身体原因以及心态原因等方面。

例如，受访者 L 男士表示："所以呢，朋友圈一般都不看。这个很大程度上跟眼睛有关系，是因为身体上面的这个原因，这个因素影响很多。关键是例如说眼睛不好的话，就不太喜欢看（眼睛的原因）。"受访者 D 女士谈道："爷爷奶奶这一辈，他们使用微信的次数比较少，就是我外公，他 70 多岁了。他就是可能会想要往这方面了解一下，就例如说我们都会把什么微信号给他申请好，他就是那种被动的，就只有你可能给他打视频过去，他才会去接，但他不会去主动自己会去登录什么的，不会，就是完全被动的。对他有可能会还比较难，就是不太会（学习能力）。"受访者 I 男士说道："还是和年龄有关嘛，我们就觉得，四十几岁的人了，还有必要大惊小怪嘛，有点啥子事情呢，到处都晓得了嘛。张扬嘛，是属于小孩的性格……年龄大些是要成熟些，有些事情就会做的保守些。遇到不开心的，就不和朋友聊天了，不开心的嘛，就自己消化下就是了（心态原因）。"

5.5　本章小结

本章旨在探讨微信用户主动和被动使用行为的不同动机及其作用过程。本书基于使用和满足理论以及以往研究，结合微信主动和被动使用的细分维度，通过定量研究和质性研究相结合的混合方法，探讨了影响微信用户主动和被动使用行为的内在动机及其不同作用过程。

本书结论证实，微信用户的主动和被动使用行为会同时受到相同和不同动机的影响，不同动机对同一使用行为的影响程度有所不同，而同一动机因素对不同使用行为的影响路径也存在差异。具体而言，微信用户的主动社交使用行为会受到自我表达（表达想法、心情、认同、祝福和关心）和社交互动（日常交流、节日问候、维持社交联络和工作沟通）的显著影响；其中，相较于自我表达动机，社交互动动机对用户的主动社交使用行为的影响更大。主动非社交使用行为会受到感知享受和自我表达（表达想法、心情和展示生活）的显著影响；其中，相较于感知享受动机，自我表达动机对用户主动非社交使用行为影响更大。微信用户的被动社交使用行为会受到习惯性消遣时间（习惯性行为、打发空闲时间）和社交互动（了解好友近况、了解某个人）的显著影响；其中，习惯性消遣时间动机对用户被动社交使用行为的影响要稍大于社交互动动机。被动非社交使用则会受到习惯性消遣时间（习惯性行为、打发空闲时间）和信息寻求（获取高质量信息、了解新知识、了解学习和工作相关内容、获取实用性信息、了解感兴趣的内容）的显著影响；其中，信息寻求动机对用户被动非社交使用行为的影响要稍大于习惯性消遣时间动机。

本书还考察了人口统计学因素（性别和年龄）对微信用户主动和被动使用行为的影响。定量结果显示，性别显著负向影响了微信用户的被动社交使用行为，女性用户的被动社交使用显著高于男性用户，年龄负向影响微信用户的主动社交使用、被动社交使用和被动非社交使用行为。但出乎意料的是，两者对微信用户的主动非社交使用行为影响并不显著。这意味着，无论是男性或者女性用户、年长用户或者年轻用户，微信主动非社交使用都较少，且没有表现出显著不同。那么，除了这些内在心理动机和人口统计学因素以外，究竟还有哪些因素可能促使微信用户的主动非社交使用行为？既然微信是中国最大的本土化社交网络平台，那么，中国微信用户的主动非社交使用行为是否会受到中国特色文化的影响？这些问题将在接下来的第 6 章进行深入探索。

第6章

社交网络主动非社交使用行为的
影响因素研究

前一章研究发现，不同性别和不同年龄段社交网络用户的主动非社交使用行为均没有显著差异，且四种不同的使用行为中，用户的主动非社交使用频率最低，值得进一步探讨究竟还有什么因素可以促使用户选择主动发布内容（主动非社交使用行为）。考虑到用户发布的位置信息可以帮助社交网络平台运营商优化其移动广告等个性化推荐服务，本书以发布位置及相关信息的行为为例，基于社会认知理论和信任转移理论，结合中国特色文化，进一步探索这一特殊的主动非社交使用行为的影响因素，为平台运营商优化移动服务提供指导。

6.1 引言

本章研究聚焦于发布位置及相关信息［也可称为位置信息表露（location disclosure）或者位置签到（check-in）］这一特殊的主动非社交使用行为是出于两个方面的考虑。一是考虑到微信中位置信息表露行为的特殊性，在微信中，用户无法发布单一的位置信息，而是在朋友圈中以"文字或者图片等内容+位置信息"的形式发布状态。二是位置信息表露这一行为具有重要的现实意义。一方面,对于社交网络用户而言,位置信息表露非常重要,社交网络上的位置表露可以被视为一种符合社会预期的行为,因为表露是身份构建的一种关键性策略。位置表露允许用户通过有选择性地表露一些地理位置,有意识地展示他们的社交生活并以一种期望的方式呈现自我(Wang and Stefanone,2013)。另一方面,对于用户签到的商家位置来说(如一些餐馆、饭店或者商店等),在社交网络上发布位置及相关信息的行为可以视为一种自然的社交口碑传播(social word of mouth;SWOM)(Luarn et al.,2015)。商家位置的名称以及其他相关信息(如图片、体验等)可以无意地暴露在社交网络的好友圈中,其好友可以直接浏览商家位置的名称及其他相关信息,从而形成一种口碑宣传。这种由用户表露的、有价值的跨时空信息不仅有助于企业进一步改善其移动营销战略,对于社交网络平台运营商优化移动广告等服务同样具有重要意义。

位置信息表露,即位置签到或发布位置及相关信息,表现为在发布状态和照片时标记位置,可以定义为用户借助位置服务和移动设备记录生活轨迹或告知朋友自己去过哪里(Luarn et al.,2015)。社交网络上的位置表露允许人们在特定地点签到或者表露他们的位置相关信息,例如经历或照片等(Sun et al.,2015)。这种社交网络服务提供了个体用户更多的机会与其他人在社交网络上交流自己的位置,也提供了更多的机会便于用户维持与远距离好友的社会关系(Wang and Stefanone,2013)。但是,根据咨询公司 TNS 的报告,13%的人愿意通过 Foursquare 或脸书来表露位置,而在中国只有6.5%的社交网络用户会进行位置签到(TNS,2012)。尽管位置信息表露是一个重要话题,但现在尚缺乏研究探讨影响中国用户在社交网络上位置签到的因素。

中国的社交网络近年来发展非常迅速。以微信为例,微信带来的信息经济盈利在 2017 年达到了 2097 亿元,占中国信息消费总额的4.7%(Walk the chat,2018)。以往研究显示,中国用户在社交网络上较少表露个人信息,而这一现象可以通过文化特征的差异来解释(Lin et al.,2013)。但是,目前关于位置信息表露行为的文献研究大多数是在西方情境下进行(Luarn et al.,

2015；Wang and Stefanone，2013），缺乏研究探讨具有中国文化特色的影响
因素。中国是一个集体主义国家，在中国，面子意识和社会影响的作用尤其
突出（李东进等，2009；Zhang et al.，2011），但个体之间的一般信任程度却
很低（Liu et al.，2015）。社会认知理论指出，人们的行为通常受到个体和环
境因素的影响（Bandura，1986）。以往研究中，社交网络用户信息表露行为
的影响因素可以分为三种类型：个体因素、社会影响因素和平台相关因素
（王彦兵、郑菲，2016），而社会因素和平台相关因素均可以视为环境因素。
以往关于位置签到的研究主要集中于个体因素，例如外向性、自恋、感知利
益和感知风险等（Sun et al.，2015；Wang and Stefanone，2013），缺乏探讨
环境因素的影响。因此，根据中国特色文化和社会认知理论，本书从三个方
面探讨促使中国用户在微信上位置签到的因素：个体因素（面子意识）、社
会因素（社会规范）和平台相关因素（信任）。

除此以外，对于个体用户而言，信任社交网络平台运营商是很困难的，
因为他们认为，平台运营商很可能不经允许滥用自己的信息（Krasnova et
al.，2010）。信任转移理论指出，系统中的人际信任可以转移为对于系统的
信任（Wang et al.，2013）。中国人在亲密关系中的人际信任很高（Liu et
al.，2015），而用户之间的亲近关系是微信的一个突出特点（Gan，2017），
但是，尚缺乏研究探索是否在微信情境下平台依然可以从人际信任中获利。

本书旨在从个体因素、社会因素和平台相关因素三个方面，探讨影响微
信用户在朋友圈中发布位置及相关信息且具有中国文化特色的影响因素。本
书进一步验证了社交网络环境下信任转移理论的存在。研究结果为研究人员、
营销人员和广告人员均提供了重要的理论和实践见解。

6.2　模型与假设

6.2.1　面子意识

社会学家戈夫曼认为，从某种程度上来说，人与人在社会生活中的交往

情景可以看作一种戏剧表演（Goffman，1967），人们在日常生活中会以一种既定的方式来表现自己，以给他人留下某种印象（Bareket‐Bojmel et al.，2016）。根据戈夫曼的戏剧理论，面子是指在特定的社会交往中，个人由于他人对其行为的肯定而获得的社会正向价值（Goffman，1967）。巴奥（Bao，2003）等提出一个新概念——面子意识（face consciousness），指的是在有其他人参与的社会活动中，人们希望得到面子和避免失去面子。中国文化中的面子意识比较强烈，林语堂（2006）认为，面子是中国人在社会交往中最重要的标准之一。面子的概念扎根于中国文化和中国人的日常社会行为当中（Domino et al.，1987），因此，本书认为，面子意识可能会影响个体在社交网络上的位置信息表露行为。

面子意识可以分为"想要面子"（desire to gain face）和"怕丢面子"（fear of losing face）两个维度，两者并不是同一维度的相反两端，而是面子意识构念的不同侧面。这两个维度可能并存，个体在同一件事情上既可能想要得到面子，同时也可能害怕丢掉面子（张新安，2012）。"想要面子"反映了个体想要获得面子的渴望程度。在中国的社会环境下，个体在保持与他人良好的关系之外，还需要维护自己的面子（Lin et al.，2013）。这可以视为一种典型的印象管理行为（王晓婧、张绍杰，2015），个体希望通过以积极的方式展示自己而获得他人对自己更好的评价。王（Wang）和斯蒂芬（Stefanone，2013）认为，位置签到是一种典型的印象管理手段。用户"想要面子"的意识越强，越可能在社交网络上表现自己、并期望获得积极的评价，就越可能会表露自己的地理位置。

据此，本书提出以下假设。

H1：想要面子与用户在微信朋友圈中的位置信息表露意向积极相关。

"怕丢面子"反映了个体对失去面子的担心程度，个体如果无法维持适当的社会表现，或者受到一定质疑，这种不符合社会期望的行为会最终导致失去面子（Zhang et al.，2011）。因此，面子意识中的"怕丢面子"维度可能会增强人们对社会规范的敏感度（张新安，2012），怕丢面子的人可能会更多地关注社会规范，因为他们关心自己的行为是否符合社会预期。因此，当用户的重要他人都认为应该使用微信表露位置信息时，人们会担心自己的言行不符合这种社会规范而失掉面子，从而也可能会选择发布自己的位置及相关信息。

据此，本书提出以下假设。

H2：怕丢面子与用户在微信朋友圈中的位置信息表露意向积极相关。

H3：怕丢面子与社会规范积极相关。

6.2.2　社会规范

在一个集体主义文化的国家中，例如中国，社会影响尤其突出。社会影响理论广泛地用于解释他人对个体行为的影响（Cheung and Lee，2010），该理论认为，个体的感受、态度和行为受到其他人存在的影响（Latané，1981），个体接受社会影响是想要获得重要他人的奖励和支持或避免惩罚（Oliveira et al.，2016）。从社会心理学和经济学的角度来说，社会规范是衡量社会影响的一个关键因素（Hsu and Lu，2004）。

本书中，社会规范指的是一个人感知其他人认为他/她应该采取某种行为的程度（Koohikamali et al.，2015；Venkatesh et al.，2003；Zlatolas et al.，2015）。鉴于社交网络的社交特性，社会影响显得尤为重要。许多关于信息表露的研究已经证实了社会规范对用户表露行为的积极影响（Gool et al.，2015；Zlatolas et al.，2015）；或者仅研究了社会规范对社交网络用户位置信息表露行为的间接影响（Koohikamali et al.，2015）。但尚未有研究探讨是否社会规范会直接影响社交网络用户的位置表露意向。人们服从社会规范是因为采取相应的行为能得到社会的认同（李东进等，2009），因此，在微信中，为了收到亲朋好友们的正面反馈或者避免被孤立，用户可能会选择跟随朋友或亲人的预期而在朋友圈表露自己的位置信息。

据此，本书提出以下假设。

H4：社会规范与用户在微信朋友圈中的位置信息表露意向积极相关。

考虑到怕丢面子的人对社会规范更加敏感（张新安，2012），可能会因为担心自己的行为不符合社会预期，而选择跟随重要他人的预期在朋友圈表露自己的位置及相关信息。因此，本书认为，社会规范可能中介了怕丢面子与用户发布位置信息之间的关系。

据此，本书提出以下假设。

H5：社会规范在怕丢面子与用户位置信息表露意向之间起中介作用。

6.2.3 信任

信任的定义是"一方对另一方行动的脆弱性，基于无论是否有能力监控或控制另一方当事人的行为，认为另一方的行动对自己来说很重要"（Mayer et al.，1995）。中国社会是一个低信任的社会（Fukuyama，1995），而信任是影响用户在线信息表露的一个重要平台相关因素，但是，关于信任对用户位置签到行为的影响尚未得到学者们的关注。

根据信任对象的不同，以往研究将信任分为两种类型：人际信任和系统信任（Krasnova et al.，2010）。人际信任指的是"一个人对其他人的可靠性和诚信有信心的程度"（Morgan and Hunt，1994）；系统信任可以定义为对信息系统的感知可靠性（Leimeister et al.，2005）。在虚拟社区中，信任社区中的成员和信任社区均积极影响个体的黏性（Wang et al.，2013）。目前许多研究证实，信任社交网络平台运营商和信任社交网络中的成员均与用户的信息表露行为积极相关（Chang and Heo，2014；Xie and Kang，2015）。隐私风险显著消极影响人们在社交网络上表露信息和位置的意向，尤其是，用户的位置表露是在移动环境下，隐私风险的阻碍作用更加明显（Koohikamali et al.，2015；Sun et al.，2015）；而信任显著削弱了隐私风险对行为意向的阻碍作用（Malhotra et al.，2004）。因此，信任社交网络平台运营商和信任社交网络中的其他成员均可能积极影响微信用户的位置签到行为。

据此，本书提出以下假设。

H6：对微信成员的信任与用户在微信朋友圈中的位置信息表露意向积极相关。

H7：对微信平台的信任与用户在微信朋友圈中的位置信息表露意向积极相关。

用户可能不太信任社交网络平台，因为他们认为，相较于社交网络中的其他用户，平台运营商有更强的动机在未经授权的情况下滥用他们的信息（Krasnova et al.，2010）。根据信任转移理论，对任何熟知的个人或实体的信任，可以转移到另一个相对未知的个人或实体上（Liu et al.，2018）。以往研究证实，通过传播或者认知过程，人际信任可以转移为系统信任，例如因信任网站中的用户而信任该网站（Chen et al.，2014）。同样地，在虚拟社区中，对于社区成员的信任积极影响用户对该社区的信任（Wang et al.，2013）。因此，用户对微信好友的信任或许可以衍生出对微信平台的信任。此外，本书认为，随着用户对社交网络好友信任的增加，可能会因为随之增加的对该社交网络平台的信任，而选择在该平台上发布位置相关信息。

据此，本书提出以下假设。

H8：对微信成员的信任与对微信平台信任积极相关。

H9：对微信平台的信任在对微信成员的信任与用户位置信息表露意向之间起中介作用。

图 6.1 展示了本章的模型。

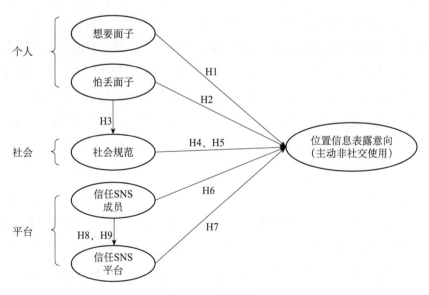

图 6.1　研究模型

6.3 研究设计

6.3.1 问卷设计

本书旨在探讨微信用户位置表露这一主动非社交使用行为的影响因素。考虑到微信的半封闭性，以及面子意识、信任等变量作为一种心理学变量，其测量很难采取客观的他评方法，因此，本书选取了自填式问卷调查的研究方法获取数据。

本书的问卷设计过程与第 3 章 3.2.1 相似，主要包括以下四个步骤：（1）围绕本书的核心内容对国内外文献进行检索，明确"面子意识""社会规范""信任""位置信息表露"等主要构念的测量内容，并挑选信度和效度较好、相对比较成熟的测量量表。（2）根据参考以往相关研究中量表的设计，本书测量项均采用七点式李克特量表测量，从"完全不同意 = 1"到"完全同意 = 7"。（3）由于所采纳的量表原文均为英文，为了确保更好的内容效度，在问卷设计过程中，先采用了翻译—回译法形成初始中文量表，然后邀请了两名营销相关的研究人员对问卷内容进行了反复修改，以保证翻译内容的等价和有效。（4）为了避免量表中存在语境模糊和语意不清晰等问题，本书使用前测方法以进一步改善量表的内容效度。首先，本书邀请相关研究领域的教授试填，并请其针对量表设计的科学性、题项设置的合理性、文字表述的准确性以及在中国情境下的适用性等方面提出意见和建议。其次，参考甘（2017）的研究设计，本书邀请了 10 名有丰富使用经验的微信用户对问卷进行试填。在填写完成后，作者对问卷题项逐一进行解释，答题者可以随时提出存在的疑义，以确保答题者对问题的理解与作者的研究目的相吻合。此外，本书也请他们针对问卷的题项设计和表达清晰易懂性等方面进行了反馈，根据收到的反馈意见，对理解偏差和和语意模糊等问题进行了修正，并对问卷的题项进行了进一步修改，形成最终的问卷。

问卷主要包括三个部分内容：第一部分解释本次问卷调查的目的并表明调查的匿名性和保密性；第二部分为研究主体部分，主要包含面子意识、社会规范、对平台的信任、用户之间的信任和位置表露意向等相关题项；第三部分询问了被试者的基本信息、微信使用情况和位置表露经验，主要包含性别、年龄、教育程度、微信好友数量、微信使用经验、日均微信使用时间和位置表露经验等相关问题（见附录 E）。

6.3.2　变量测量

本书由六个构念组成：位置信息表露意向、面子意识（想要面子和怕丢面子）、社会规范和信任（信任社交网络其他成员和信任社交网络平台）。所有测量项均来源于已有文献的成熟量表。其中，面子意识量表包含来自张（Zhang）等（2011）研究的 10 个题项；对社会规范的测量包含三个题项，参考了李东进等（2009）、徐（Hsu）和陆（Lu，2004）的研究；两个信任构念的测量包含九个题项，改良于孔泰纳（Contena，2015）和克拉斯诺娃（Krasnova，2010）等的研究；对位置表露意向的测量改良于卢恩（Luarn，2015）等的研究，包含两个题项。

6.3.3　问卷预调研

本书的调研分为两个阶段。第一阶段是预调研阶段，主要是对问卷的信度和效度进行初步检验，以确定问卷是否需要进一步调整。本次预调研采用的是网上调查问卷的方式，雇用了一家专业的问卷调研公司（问卷星）对微信用户进行了问卷调查。总共发放问卷 80 份，剔除回答时间过短（少于 120秒）以及所有问题相同分数的无效问卷，保留有效问卷 59 份。根据吴明隆（2000）的观点，问卷预调研的样本量最好为问卷中包含最多题项"分量表"的 5 倍左右。本书中包含最多题项的分量表为面子意识量表，问题共计 11项，所以本书的预试样本量是合适的。

本书通过 Cronbach's alpha 系数检验问卷的内部一致性。对问卷预调研数据的分析发现，问卷的整体 Cronbach's alpha 系数为 0.903，每个变量的 Cronbach's alpha 系数在 0.837~0.952，均高于 0.7 的阈值，显示了良好的内部一致性信度（见表 6.1）。

表6.1 　　　　　　　　　　　问卷的 Cronbach's alpha 系数

变量	Cronbach's alpha 系数
想要面子	0.907
怕丢面子	0.837
社会规范	0.900
信任社交网络成员	0.922
信任社交网络平台	0.946
位置表露意向	0.952
总体	0.903

本书通过因子分析检验问卷的结构效度。KMO 和 Barlett 球形度检验的结果显示，KMO 值为 0.779（明显高于 0.6 的阈值），Barlett 球形度检验的 Sig 值为 0.000，低于 0.05 的显著水平，表明可以进行因子分析。此外，问卷项目的因子载荷处于 0.719~0.977，高于 0.5 的阈值，且每个构念的累积解释方差均高于 50%，表明了问卷具有较好的聚合效度（吴明隆，2010）（见表 6.2）。预调研数据的信度和效度检验结果显示，问卷的信度和效度比较理想，可以进行正式调研。

表6.2 　　　　　　　　　　　　因子分析结果

变量	测量项	因子载荷	累积解释方差（%）	KMO 值	Barlett 球形度检验的 Sig 值
想要面子	DG1	0.732			
	DG2	0.861			
	DG3	0.887	68.659		
	DG4	0.844			
	DG5	0.805	0.779	0.000	
	DG6	0.833			
怕丢面子	FL1	0.786			
	FL2	0.725	61.082		
	FL3	0.862			

续表

变量	测量项	因子载荷	累积解释方差（%）	KMO 值	Barlett 球形度检验的 Sig 值
怕丢面子	FL4	0.806	61.082		
	FL5	0.719			
社会规范	SN1	0.865	83.589		
	SN2	0.945			
	SN3	0.931			
信任社交网络成员	TM1	0.843	76.697	0.779	0.000
	TM2	0.838			
	TM3	0.918			
	TM4	0.908			
	TM5	0.869			
信任社交网络平台	TP1	0.890	86.176		
	TP2	0.937			
	TP3	0.941			
	TP4	0.944			
位置表露意向	LD1	0.977	95.407		
	LD2	0.977			

6.3.4 样本与数据收集

第二阶段为正式调研阶段。本书采取了网上调查问卷的方法，该方法在信息系统领域和营销领域已被广泛使用，因为使用网络的用户数量巨大、更容易获得大量的样本数据。本书在 2016 年 6 月通过滚雪球抽样的方式获得了便利性样本。根据腾讯（2015）报告显示，18～35 岁的年轻人是微信的主要用户。因此，本书招募了来自中国西南一所大学的 10 位大学生和研究生（年龄在 18～35 岁；微信用户；五位男性和五位女性），要求他们将问卷链接分享到微信群和朋友圈。通过微信群和朋友圈分享问卷链接，因为一方面保证了被试者为微信用户；另一方面微信群和朋友圈的人群范围更广且更加多样化。本书并没有限制特定的传播对象，以确保样本的随机性和广泛性。本次调查覆盖了重庆、山东、四川、北京、广东、陕西、上海、江苏、河南、陕西、河北、湖北、云南、辽宁等多个省份，全部采取匿名方式填写。为了控制问卷的质量，本书设置了限制：每台设备（计算机/手机）以及同一 IP 地址仅能填写一份问卷。成功填写完问卷的被试者将收到每人 1 元的红包奖励，本书共在线招募了 652 名被试者，剔除回答时间过短（少于 120 秒）以及所有问题相同分数的无效问卷，最终得到了 545 份有效样本用于后续分析。

本书使用 SPSS 20.0 软件对样本数据进行了描述性统计分析。如表 6.3 所示，样本的基本情况如下：被试者均为微信用户；性别方面，样本包含 214 名男性（39.3%）和 331 名女性（60.7%）；年龄方面，过半的被试者年龄处于 21~30 岁；教育程度方面，超过 70% 的参与者是本科及以上学历；微信使用情况方面，近 70% 的被试者每天使用微信的时间超过 1 小时，超过 70% 被试者的微信好友数量 50 人以上，超过 80% 的被试者使用微信已经超过 1 年，过去半年内，受试者使用微信表露位置的平均次数约为 3 次。从用户的年龄、微信使用等各方面，本书问卷数据与腾讯（2015）和腾讯（2016）报告的微信用户的特征一致，微信用户群体年龄结构主要集中在 18~35 岁，过半的用户每天使用微信超过 1 小时，半数以上用户的微信好友数量高于 100 人。这表明，本书的样本数据特征符合目前微信用户发展统计情况，样本具有一定代表性。

表 6.3   **样本数据描述性统计信息**

项目	题项	频率	百分比（%）
性别	男性	214	39.3
	女性	331	60.7
年龄	≤20	149	27.3
	21~25	223	40.9
	26~30	75	13.8
	31~50	81	14.9
	>50	17	3.1

续表

项目	题项	频率	百分比（%）
性别	男性	214	39.3
	女性	331	60.7
教育程度	高中及以下	29	5.3
	大专	118	21.7
	本科	254	46.6
	硕士及以上	144	26.4
微信使用经验	没有	0	0
	<1 年	92	16.9
	1~3 年	317	58.2
	4~5 年	103	18.9
	>5 年	33	6.1
微信每天使用时间	没有	0	0
	<1 小时	176	32.3
	1~3 小时	207	38
	4~5 小时	62	11.4
	>5 小时	100	18.3
微信好友数量	没有	0	0
	<50	144	26.4
	50~500	371	68.1
	500~1000	22	4
	>1000	8	1.5
过去半年内在微信上表露位置的次数	没有	225	41.3
	1~3 次	157	28.8
	4~6 次	77	14.1
	7~9 次	36	6.6
	≥10 次	50	9.2

6.4 数据分析

6.4.1 信效度分析

本书使用 AMOS17.0 进行验证性因子分析，基于整体模型拟合优度、构念信度和效度检验测量模型。

验证性因子分析结果显示，绝对拟合指数（$\chi^2/df = 1.637 < 3$、RMSEA $= 0.033 < 0.08$）和增值拟合指数（CFI $= 0.982 > 0.9$、GFI $= 0.948 > 0.9$、TLI $= 0.979 > 0.9$、IFI $= 0.982 > 0.9$）均超过阈值，这表明具有良好的模型拟合度（Hair et al.，2012）。

被调查者对反映同一变量所有题项答案的一致性是项目间的一致性信度，常用 Cronbach's alpha 来度量。由表 6.4 可知，5 个变量的 Cronbach's alpha 值均大于 0.8，表明了问卷中这 5 个变量的测量结果是可信的，能满足后续研究需要（Nunnally and Bernstein，1994）。

如表 6.4 所示，本书通过组合信度（CR）来评估收敛效度；所有的 CR 均超过了 0.7 的阈值，说明了良好的收敛效度（Fornell and Larcker，1981）。通常还通过因子载荷和平均提取方差（AVE）评估收敛效度（Fornell and Larcker，1981）。因子的高载荷就意味着他们收敛于潜在构念，本书的因子载荷超过了 0.6，这表明了较高的收敛效度。AVE 代表了一个构念上载荷因子的平均提取方差，本书中每个构念的平均提取方差均超过了 0.5，表明了充分的收敛（见表 6.4 和表 6.5）。

构念的 AVE 应该高于任何两个构念之间相关的平方才能展示良好的区分效度（Fornell and Larcker，1981）。本书的分析结果表明，所有构念的平均提取方差值的平方根（见表 6.4 中的对角元素）均超过了任何两个构念之间的相关系数（见表 6.4 中的非对角元素），这显示了良好的区分效度。总的来说，本书的测量模型显示了充分的模型拟合度、良好的信度以及足够的收敛和区分效度。

表 6.4　　　　　　　　　　　　　　　信度和效度分析

构念	均值	方差	CR	AVE	Cronbach's alpha	DG	FL	SN	TM	TP	LD
DG	4.328	1.033	0.866	0.565	0.853	0.752					
FL	3.704	0.973	0.856	0.544	0.820	0.556	0.738				
SN	3.630	1.342	0.911	0.773	0.926	0.234	0.233	0.879			
TM	4.582	0.931	0.900	0.643	0.897	0.245	0.189	0.337	0.802		
TP	4.389	1.014	0.890	0.671	0.901	0.240	0.140	0.341	0.596	0.819	
LD	4.080	1.390	0.852	0.741	0.907	0.335	0.287	0.533	0.386	0.395	0.861

注：CR = 组合效度、AVE = 平均提取方差、DG = 想要面子、FL = 怕丢面子、SN = 社会规范、TM = 信任 SNS 成员、TP = 信任 SNS 平台、LD = 位置信息表露意向。

表 6.5　　　　　　　　　　　　　　　因子载荷

变量	DG	FL	SN	TM	TP	LD
DG1	0.745					
DG2	0.803					
DG3	0.786					
DG4	0.712					
DG5	0.708					
FL1		0.744				
FL2		0.746				
FL3		0.841				
FL4		0.677				
FL5		0.667				
SN1			0.860			
SN2			0.908			
SN3			0.868			
TM1				0.71		
TM2				0.787		
TM3				0.845		

续表

变量	DG	FL	SN	TM	TP	LD
TM4				0.873		
TM5				0.785		
TP1					0.792	
TP2					0.878	
TP3					0.847	
TP4					0.753	
LD1						0.852
LD2						0.870

注：DG = 想要面子、FL = 怕丢面子、SN = 社会规范、TM = 信任 SNS 成员、TP = 信任 SNS 平台、LD = 位置信息表露意向。

6.4.2　共同方法偏差和多重共线性分析

共同方法偏差是由于被试者相同的动机、研究背景以及测量背景设定等方面所带来的偏差，会对研究结果产生影响。由于本书所采集的数据来自同一个答题者的自评数据，而且不同答题者对同一个题项的理解可能存在差异。本书使用了两种常见的方法来控制方法偏差。首先，本书通过保护被试者的姓名以及减轻评价顾虑的方式以减少共同方法偏差，告知所有被试者其答案都是匿名的、不会外泄，且答案没有对错之分。本书还通过改善量表测量题项来控制方法偏差，例如避免模糊的问题等（Podsakoff et al.，2003）。其次，本书采用哈曼的单因素检验以评估是否存在共同方法偏差，根据波德萨科夫等（2003）的研究，当测量项的大多数方差（超过50%）被第一个因素解释时，会出现共同方法偏差。本书的第一个因子仅解释了 15.248% 的方差，远小于 50%，因此，共同方法偏差在本书中并不存在。

另外，鉴于方差膨胀因子 VIF 值均处于 5 以下，这表明，多重共线性在本书中也并不是个问题（Hair et al.，2011）。

6.4.3　结构方程模型分析

本书使用 Amos17.0 检验结构方程模型和研究假设。模型拟合指数（$\chi^2/df = 2.662 < 3$、RMSEA $= 0.053 < 0.08$、CFI $= 0.952 > 0.9$、GFI $= 0.916 > 0.9$、TLI $= 0.946 > 0.9$、IFI $= 0.952 > 0.9$）展示了良好的模型拟合。本书还评估了结构方程模型以检验提出的假设，结果显示，标准化路径系数统计均显著支持提出的假设。

面子意识［想要面子（$\beta = 0.15$，$p < 0.001$）、怕丢面子（$\beta = 0.09$，$p < 0.05$）］、社会规范（$\beta = 0.42$，$p < 0.001$）、信任成员（$\beta = 0.13$，$p < 0.01$）、信任平台（$\beta = 0.16$，$p < 0.001$）均显著积极影响用户在微信朋友圈中的位置表露意向。因此，假设 1、假设 2、假设 4、假设 6、假设 7 均成立。怕丢面子显著积极影响社会规范（$\beta = 0.23$，$p < 0.001$），假设 3 成立。信任成员对信任平台有显著积极的影响（$\beta = 0.60$，$p < 0.001$），这意味着从用户—用户到用户—平台存在着信任转移，H8 成立。图 6.2 展示了假设检验和路径系数的结果。

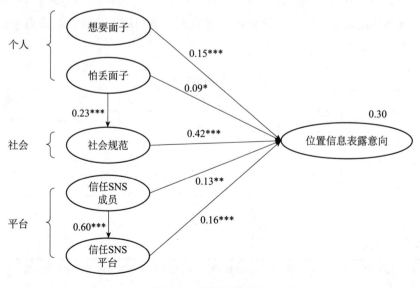

图 6.2　路径分析结果

6.4.4　中介效应检验

本书使用赵（Zhao，2010）等提出的中介效应检验方法——Bootstrap 的方法对假设 5 和假设 9 进行中介作用检验，该方法已经在管理学、消费者行为学和心理学等众多领域得到广泛应用。参考赵（2010）等的研究，本书使用两步骤法对主观规范和对社交网络平台的信任两条中介作用路径分别进行检验。具体而言，本书采用 Bootrapp 的方法对直接作用和间接作用路径进行分析。第一步，根据 Percentile bootstrap 及 Bias-Corrected bootstrap 置信区间是否包含 0 来判断对应的间接效应是否显著。第二步，估计直接作用是否显著，从而判断是何种中介作用（部分中介或完全中介）。本书利用 SPSS 20.0 的"PROCESS（Hayes，2013）"插件进行了 Bootstrap 检验。

根据表 6.6 可知，对于社会规范在怕丢面子与用户位置信息表露意向之间的间接作用，在 95% 置信水平下，Bias – Corrected 方法（LLCI = 0.064，ULCI = 0.185）及 Percentile 方法（LLCI = 0.074，ULCI = 0.191）置信区间均不包含 0，说明怕丢面子→社会规范→位置表露意向的间接作用显著。怕丢面子→位置表露意向的直接效应为 $\beta = 0.278$，$t = 4.046$，$p = 0.000 < 0.001$，说明直接作用显著。因此，社会规范在怕丢面子与用户位置信息表露意向之间起着部分中介作用，假设 5 成立。

表 6.6　　　　　　　　　　　中介作用的结果

路径	系数	方差	T 值	Percentile 95% CI		Bias-Corrected 95% CI	
				Lower	Upper	Lower	Upper
直接作用							
FL→ LD	0.218	0054	4.016 ***	0.111	0.325	0.111	0.325
TM→ LD	0.318	0.071	4.461 ***	0.178	0.458	0.178	0.458
间接作用							
FL→ SN → LD	0.127	0.030		0.074	0.191	0.064	0.185
TM→ TP → LD	0.193	0.045		0.102	0.280	0.099	0.277

注：（1）FL = 怕丢面子、TM = 信任 SNS 成员、LD = 位置信息表露意向、SN = 社会规范、TP = 信任 SNS 平台。

（2）*** 表示 p < 0.001；** 表示 p < 0.01；* 表示 p < 0.05。

关于对社交网络平台的信任在对社交网络成员的信任与用户位置信息表露意向之间的间接作用，在 95% 置信水平下，Bias – Corrected 方法（LLCI = 0.099，ULCI = 0.277）及 Percentile 方法（LLCI = 0.102，ULCI = 0.280）置信区间均不包含 0，说明对社交网络成员→对社交网络平台的信任→位置表露意向的间接作用显著。对社交网络成员→位置表露意向的直接效应为 β = 0.318，t = 4.461，p = 0.000 < 0.001，说明直接作用显著。因此，对社交网络平台的信任在对社交网络其他成员的信任与用户位置信息表露意向之间起着部分中介作用，假设 9 成立。

6.4.5　事后分析

如表 6.1 所示，41.3% 的被试者报告，在过去半年内，他们并没有在微信上表露位置信息。本书通过多群组分析（对比过去表露过位置的用户和过去没有表露过位置的用户）的方式，进行了事后分析。在 545 名被试者中，225 名被试者在过去半年内没有表露过位置，记为组 1；320 名被试者在过去半年内表露过位置，记为组 2。结果显示，绝对拟合指数（$\chi^2/df = 2.304$；RMSEA = 0.049）和增值拟合指数（CFI = 0.906；TLI = 0.909；IFI = 0.906）均超过阈值，这表明了良好的模型拟合度。有趣的是，研究发现，两组的路径分析结果相同（见图 6.3），这些结果均与主模型一致，除了怕丢面子并没有显著影响位置信息表露意向。这意味着，无论用户过去有没有位置表露的经验，只有当其他人认为他们应该在微信上进行位置签到时，怕丢面子的用户才会受到这种社会规范的影响而与大家保持一致。因为怕丢面子的用户更加担心自己的行为与社会预期不一致。这两组相同的结果也表明，无论用户过去有没有位置表露的经验，本书的研究结果没有任何不同，显示了研究结果的可靠性。此外，即使这两组有相同的结果，但是为什么有些用户在过去表露了位置而有些没有，这背后的原因还需要未来研究进一步探索。

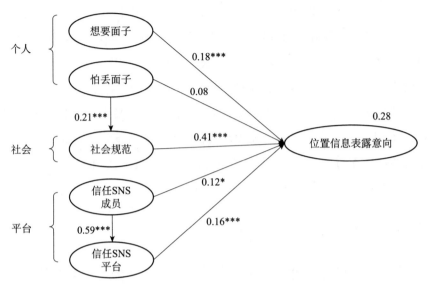

图 6.3　组 1 和组 2 的路径分析结果

6.5　结果讨论

　　首先，本书的结果表明，想要面子、怕丢面子、社会规范均显著积极影响人们在微信朋友圈中的位置表露意向。当在中国文化的情境下分析社交网络用户的位置信息表露行为时，需要重视具有中国文化特色的影响因素。尽管面子意识是一个普遍性概念，但在中国尤其突出（Tingtoomey and Kurogi，1998）。本书发现，两种面子意识类型，想要面子和怕丢面子，均显著积极影响个体用户在微信朋友圈中发布位置及相关信息的行为意向，其中，想要面子的影响更强。也就是说，如果想要面子意识更强的个体，或者更担心丢面子的个体，更可能使用微信进行位置签到。本书的结果证实，社会规范与微信用户的位置签到意向积极且直接相关。这就意味着，中国用户通常会选择在微信上发布自己的位置信息就是由于其他人会这么做。本书还发现，怕丢面子积极作用于社会规范。换而言之，更怕丢面子的用户更容易担心自己的行为和社会规范不一致。有趣的是，个体因素（如面子意识）会通过社会性因素的中介作用而最终影响个体的行为。社会规范部分中介了怕丢面子与用户位置表露意向之间的积极关系。也就是说，怕丢面子的人可能会因为担心自己的行为不符合社会预期而选择跟随朋友或亲人的预期在朋友圈发布自己的位置信息。

其次，本书证实，对社交网络成员的信任和对社交网络平台的信任均显著积极影响用户在微信朋友圈中的位置表露意向。信任不仅影响着社交网络环境中的信息表露行为（Xie and Kang，2015），同样也与个体的位置信息表露行为积极相关。本书考虑了两种类型的信任的影响：对社交网络成员的信任与对社交网络平台的信任，结果显示，两种类型的信任均有助于推动微信用户的位置签到行为。其中，信任社交网络平台运营商的作用更强，这一结果与以往研究一致（Krasnova et al.，2010），当社交网络用户认为平台运营商是可信的，他们会感到在社交网络中发布信息的风险更小。除此以外，本书还进一步证实了社交网络环境下信任转移现象的存在，对微信"好友"的信任有助于用户进一步信任微信平台，这一结果也与以往相关研究一致（Mesch，2012）。也就是说，人们越相信社交网络中的其他成员或好友，越可能信任该平台运营商。因此，社交网络平台运营商需要考虑开发和改善更多功能以推动用户更多互动，从而提升用户之间的人际信任，以最终提升用户对平台的信任。本书的中介效应检验结果又进一步验证了信任转移理论，对社交网络平台的信任部分中介了对社交网络好友的信任与用户位置表露意向之间的积极关系。换而言之，随着用户对社交网络好友的信任增加，可能会因为随之增加的对该社交网络平台的信任而选择在该平台上发布位置相关信息。

6.6　本章小结

本章旨在探讨微信用户主动非社交使用行为的影响因素。以位置信息表露为例，基于社会认知理论和信任转移理论，结合中国特色文化，本书探索了微信用户主动非社交使用行为的影响因素。结果显示，想要面子、怕丢面子和社会规范与微信用户的位置表露意向积极相关，其中，社会规范的影响最强，怕丢面子还积极影响社会规范。对社交网络成员的信任与对社交网络平台的信任也显著推动微信用户在微信朋友圈中发布位置信息的可能性。越信任社交网络中其他成员的用户越可能信任该社交网络平台，进一步证实了社交网络环境中信任转移现象的存在。

本书还检验了社会规范与对社交网络平台信任的中介作用。研究发现，社会规范部分中介了怕丢面子与用户位置信息表露意向之间的积极关系，也就是说，怕丢面子的人可能会因为担心自己的行为不符合社会预期而选择跟随朋友或亲人的预期在朋友圈表露自己的位置信息。对社交网络平台的信任部分中介了对社交网络好友的信任与用户位置表露意向之间的积极关系，也就是说，随着用户对社交网络好友的信任增加，可能会因为随之增加的对该社交网络平台的信任而选择在该平台上发布位置相关信息。

本书还进行了一项事后分析，通过对比过去表露过位置的用户和过去没有表露过位置的用户，以检验过去的位置信息表露经验是否会影响本书的结果。结果显示，无论用户过去有没有位置表露的经验，本书的研究结果没有任何不同，显示了研究结果的可靠性。此外，即使这两组有相同的结果，但是为什么有些用户在过去表露了位置而有些没有，这背后的原因还需要未来研究进一步探索。

第7章

研究结论与展望

社交网络用户的使用行为一直是近年来学术界和实业界持续关注的话题。随着社交网络的高速发展和用户的爆炸式增长，关注用户体验和实现科技向善显得越来越重要。考虑到社交网络用户使用方式的不同，主动和被动使用作为最常见的两种使用方式，对用户产生的影响存在差异。但目前针对社交网络用户主动和被动使用行为的研究还存在诸多不足，尤其是针对本土化的社交网络平台。本书通过对社交网络用户使用行为、主动和被动使用行为等相关文献的梳理，基于社会认知理论、社会资本理论以及使用和满足理论等理论，探索了微信用户主动和被动使用行为的差异化影响因素及作用。本书分为三部分，运用问卷法和深度访谈法对研究问题进行了实证分析。本章对研究内容进行总结和讨论、阐述理论贡献和管理启示，同时指出本书的局限并展望未来的研究方向。

7.1 研究结论

（1）社交网络用户的使用行为可以分为四种类型，即主动社交使用、主动非社交使用、被动社交使用以及被动非社交使用。基于脸书主动和被动使用量表并结合微信的独特特征（如"公众号"功能），本书修订和检验了微信主动和被动使用行为量表并确定了四种使用行为。主动社交使用指的是用户的互动沟通行为，包括聊天、点赞、评论等活动；主动非社交使用指的是用户的内容创造行为，包括发布状态、上传视频或照片等活动；被动社交使用指的是浏览朋友圈中好友动态的行为；被动非社交指的是浏览公众号上信息和内容的行为。

（2）主动社交使用、主动非社交使用、被动社交使用以及被动非社交使用四种不同的使用行为对社交网络用户社交环境、心理和后续行为意向带来了不同的影响。研究结果发现，社交环境影响（社会资本）方面，用户的主动社交和主动非社交使用行为均有助于增加桥接型和粘接型两种社会资本的积累，而被动社交和被动非社交使用行为仅积极影响桥接型社会资本。心理影响方面，主动社交使用、主动非社交使用和被动非社交使用均有助于提升用户的在线幸福感，而主动非社交使用和被动社交使用积极影响社交网络用户的抑郁情绪。此外，本书还进一步探索了社交网络主动和被动使用、社会因素以及心理因素对后续行为意向的影响。研究发现，只有社交网络用户的主动社交使用行为会直接推动其持续使用意向，桥接型社会资本和在线幸福感积极影响社交网络用户的持续使用意向，抑郁情绪则会抑制用户的持续使用意向。本书还检验了社交环境因素和心理因素的中介效应，结果发现，通过桥接型社会资本的中介作用，用户的主动社交使用、主动非社交使用和被动非社交使用行为均有助于推动其未来继续使用的意向。但同时，通过抑郁情绪的中介作用，用户的主动非社交使用行为和被动社交使用行为均会降低其未来继续使用该社交网络平台的意向。

（3）主动社交使用、主动非社交使用、被动社交使用以及被动非社交使用四种不同的使用行为同时受到相同和不同动机的影响。用户的主动社交和非社交使用行为均受到自我表达动机的影响。同时，用户的主动社交使用行为还受到社交互动动机的影响，而主动非社交使用行为还受到感知享受的影响。用户的被动社交和被动非社交使用行为均受到习惯性消遣时间动机的影响。同时，用户的被动社交使用行为还受到社交互动动机的影响，而被动非社交使用行为还受到信息寻求动机的影响。此外，深度访谈的结果进一步验证并加深了这一结论，同一动机因素对不同使用行为的影响路径也存在差异。影响用户主动社交使用的自我表达动机主要体现为表达自己的想法或观点、表达自己的心情或感受、表达认同、表达祝福和表达自己的关心及关注五个方面，而影响用户主动非社交使用的自我表达动机则体现在表达自己的想法或观点、表达自己的心情或感受和展示自己的生活三个方面。影响用户主动社交使用的社交互动动机主要体现为日常交流、节日问候、维持社交联络和工作沟通四个方面，而影响用户被动社交使用的社交互动动机则体现在了解好友近况和了解某个人两个方面。不过，影响用户被动社交使用和被动非社交使用的习惯性消遣时间动机均体现为习惯性行为和打发空闲时间两条路径。同时，本书还考察了人口统计学因素（性别和年龄）对微信用户主动和被动使用行为的影响。结果显示，性别显著负向影响了用户的被动社交使用行为，年龄负向影响用户的主动社交使用、被动社交使用和被动非社交使用行为，但两者均没有显著影响用户的主动非社交使用行为。无论是男性或者女性用户、年长用户或者年轻用户，主动非社交使用均较少，且没有表现出显著不同。

（4）社交网络用户的位置信息表露行为受到中国特色文化因素的显著影响。根据社会认知理论框架，个体和环境因素是影响用户位置信息表露（主动非社交使用）的重要因素。研究结果显示，面子意识的两个维度——想要面子和怕丢面子均与社交网络用户的位置表露意向积极相关，社会规范显著积极影响社交网络用户的位置表露意向，对社交网络成员的信任和对社交网络平台的信任也显著推动用户在朋友圈中发布位置信息的可能性。本书还发现了社会规范在怕丢面子与用户位置信息表露意向之间的中介作用，也就是说，怕丢面子的人可能会因为担心自己的行为不符合社会预期，而选择跟随重要他人的预期在朋友圈表露自己的位置信息。本书进一步证实了社交网络环境中信任转移现象的存在，对社交网络"好友"的信任有利于用户进一步信任社交网络平台运营商。对社交网络平台的信任部分中介了对社交网络好友的信任与用户位置表露意向之间的关系，也就是说，随着用户对社交网络好友的信任增加，可能会因为随之增加的对该社交网络平台的信任而选择在该平台上发布位置相关信息。

7.2 理论意义与管理启示

7.2.1 理论意义

从理论角度来看，本书做出了以下贡献。

（1）本书对社交网络用户的使用行为进行了细分，增加了被动使用的细分维度，进一步丰富了社交网络用户使用行为维度，为理解社交网络用户使用行为的影响提供了新的理论框架。

以往研究集中于主动使用的细分维度，忽视了对被动使用的进一步划分。考虑到不同的功能或特征可能带来使用方式的差异，本书以微信为研究对象，将微信用户的使用行为分为主动社交使用、主动非社交使用、被动社交使用和被动非社交使用四种类型。本书增加了对主动和被动使用的进一步细分，有助于更深入且更全面地了解社交网络用户的使用行为。

本书还为社交网络主动和被动使用对用户心理因素、社会因素及后续行为意向的影响提供了新的见解。不同于以往的研究结论，加入对被动使用的细分维度后，社交网络用户的被动使用行为虽然还是可能会损害用户的心理健康，但也会对用户的社会关系及在线社交生活满意度带来积极影响。同时，不仅社交网络用户的被动使用行为会损害用户的心理健康，主动非社交使用行为同样可能会带来消极的情感体验。此外，本书还深入分析了不同心理因素和社会因素在社交网络主动和被动使用行为与用户持续使用意向之间的中介作用机制。本书有助于丰富社交网络主动和被动使用影响的研究框架，并进一步加深了关于社交网络使用影响的理解。

（2）本书基于新的社交网络用户使用行为分类，对社交网络用户使用行为动机进行了探索和分析。分析不同类别的使用行为背后的相同和不同动机及其作用过程，丰富了社交网络用户使用行为影响因素的相关研究。

以往关于社交网络主动和被动使用影响因素的研究忽视了对主动和被动

使用二级维度的细分。结合微信主动和被动使用的细分维度，本书的研究结论证实，用户的四种主动和被动使用行为同时受到相同和不同动机的影响，不同动机对同一使用行为的影响程度有所不同。质性研究结果进一步验证并加深了这一结论，即使同一动机因素对不同使用行为均产生影响，其影响过程也有所不同。本书还发现了性别和年龄对用户主动和被动使用行为的不同影响。值得注意的是，两者均没有显著影响用户的主动非社交使用行为。本书结论有助于细化对社交网络主动和被动使用动机的理解，并进一步拓展了社交网络用户使用行为影响因素的相关研究。

（3）本书提出了一个具有中国文化特征的、社交网络用户使用行为影响因素的理论框架，并以位置信息发布为例，探索了中国文化背景下的社交网络用户主动非社交使用行为的影响因素，丰富了社交网络用户使用行为影响因素的相关研究。

前人相关文献主要聚焦于西方情境下，缺乏探索文化因素在其中的影响。本书根据社会认知理论，提出了一个具有中国文化特色的影响因素框架，包括个体因素（想要面子和怕丢面子）、社会因素（社会规范）和平台相关因素（对社交网络成员的信任与对社交网络平台的信任），有助于更深入地了解中国用户的位置签到这一特殊的主动非社交使用行为。基于信任转移理论，本书进一步证实，对社交网络中其他用户的信任有助于提升对该社交网络平台运营商的信任，这意味着，有更多强关系用户的平台运营商更可能获得用户信任。本书还进一步分析和检验了社会规范和对社交网络平台信任的中介作用机制。本书结论有助于丰富社交网络用户位置表露影响因素的研究框架，并进一步扩展了社交网络用户使用行为影响因素的相关研究。

7.2.2　管理启示

本书有助于社交网络运营商更全面地了解社交网络用户使用行为的差异化作用及影响因素，为其提供更优质化的服务提供了指导。管理启示如下。

（1）对于社交网络运营商而言，想要维持现有用户的持续使用，需要注意区分用户不同的使用行为以及不同行为对用户体验带来的不同影响。

社交网络运营商需要注意主动和被动使用行为带来的不同用户体验，消极的用户体验会阻碍用户继续使用该社交网络平台。浏览好友状态会产生抑郁情绪，这可能会抑制用户的持续使用，运营商需要找到合适的方法，允许用户避开不愿意看到的信息，以减少用户的消极情感体验。例如，可以增加一种朋友圈选择性屏蔽功能，允许用户选择是否隐藏类似的状态（与某个引发不适或者负面情绪相似的状态），而不是仅可以选择隐藏某个人的状态不可见。主动社交使用有助于直接推动用户的持续使用意向，运营商可以考虑开发更多互动性功能，进而留住现有用户。例如，可以考虑增加更多建群的方式，无须拉好友而直接形成一个群二维码等，便于非好友用户的短暂性互动需求。被动浏览公众号的信息有助于提升用户的在线幸福感和桥接型社会资本，从而推动其持续使用意向。因此，运营商需要筛选更新颖和优质的信息以增加用户的在线幸福感，促使其愿意继续使用该社交网络。考虑开发好友发布状态提醒功能，以增加他人浏览、点赞或评论等可能性，并减少主动发布状态后未得到关注而带来的负面情感体验。

（2）对于社交网络运营商而言，想要优化服务和增加用户使用率，需要深入了解用户不同使用行为背后的不同心理诉求。

社交网络运营商需要注意到用户主动和被动使用行为背后的心理诉求。考虑到用户浏览好友状态为了了解好友的近况，但现在朋友圈中充斥着大量且冗杂的内容。因此，除去传统的时间线以外，运营商可以考虑增加将互动程度或者分组作为用户浏览好友状态时的筛选方式。除此以外，由于用户浏览公众号可能为了寻求感兴趣或者有用的信息，运营商可以考虑开发公众号分组的功能，允许筛选和寻找想要的信息，以更好地满足用户的信息需求和提高用户浏览体验。因为社交网络的发展和成功的基础就是用户的主动使用，而社交互动、感知享受和自我表达是影响微信用户的主动使用的动机。因此，平台运营商需要进一步改善其服务，以确保用户可以感受到更多享受和愉悦感，并且需要提供更多的便利性渠道以便于用户表达他们的情感和想法。例如，平台运营商可以考虑扩大收藏表情包的数量上限，增加常用表情包或者根据使用频率自动排序等功能，以帮助用户更便捷和更直接地表达他们的情感，同时也可以考虑优化聊天时的互动环境，譬如，对视频聊天和拍摄自定义表情包时增加更多的滤镜和美颜功能，以更好地满足用户的互动和表达自我的心理需求。

（3）对于社交网络运营商而言，想要鼓励用户发布更多位置信息以优化移动广告等服务，需要提高平台的可信赖性并且注意平台成员之间的相互影响。

社交网络运营商需要注意促使中国用户发布位置及相关信息的因素。鉴于信任其他用户和信任平台对社交网络用户位置表露意向的显著积极影响，社交网络平台运营商需要尤其注意及时处理用户提出和反馈的问题、努力满足其成员的需求，并且对其成员要信守承诺，以提高用户对该社交平台的信任。此外，平台运营商还需要注意信息控制功能，例如对个体用户的资料和发布内容设限，让用户感觉受到保护从而增强平台内部的信任，这也有助于推动用户更多的位置信息表露行为。考虑到用户选择在社交网络中发布位置及相关信息可能是遵循社会规范，即受到其他人的影响，社交网络平台可以通过关注互动频率较高的用户、开发好友签到提醒等方式，以鼓励更多用户进行位置签到，进一步优化平台的移动广告服务。

7.3　研究局限与未来研究方向

7.3.1　研究局限

本书的研究局限主要体现在以下方面。

第一，本书以微信为研究对象，结果可能限于中国样本。本书以微信为研究对象，研究结论一定程度上也适用于其他社交网络平台，不过研究结果普及其他社交网络时可能要慎重，未来研究可以考虑不同的文化因素以及不同的社交网络特色的比较，进一步验证本书的研究结论和探讨社交网络用户主动和被动使用行为的影响因素及作用。本书仅探讨了具有中国文化特色的、影响主动非社交使用行为的因素，未来研究需要继续探索影响其他三种类型行为的文化因素。本书修订微信主动和被动使用量表主要基于格尔森等（2017）的脸书主动和被动使用量表。由于不同社交网络平台的功能存在不少差异，因此，以后需要更多的研究探索社交网络的更多功能和使用行为，进一步优化社交网络主动和被动使用量表。

第二，本书仅对社交网络用户的主动和被动使用行为进行了细分，并没有基于此对用户类型进行聚类。为了探讨微信用户使用行为对其心理和社交环境以及后续行为的影响，本书仅区分了微信用户的四种使用行为，同一用户甚至可能四种行为均有体现。未来研究可以基于本书对主动和被动使用的分类，考虑四种不同行为的使用程度，对不同的用户类型进行聚类分析，以更好地理解不同类型用户的心理体验和社会环境感知。

第三，在探讨社交网络主动和被动使用的影响时，本书仅采用了问卷法和横截面数据。在进行数据实证分析的方法选取方面，考虑到社交网络用户的心理活动在社交网络平台不易获取，且由于微信的封闭式属性，很难获得用户真实的行为数据，本书采用了问卷调查和深度访谈的方法获取用户的心理和行为数据。为了更好地分析因果关系，未来研究可以考虑增加时间维度的检验，通过纵向研究对本书的结果进一步验证。

第四，本书仅基于使用和满足理论框架探讨了用户主动和被动使用的影响因素。由于使用和满足理论提供了一个全面的理论框架，并解释了个体使用特定的社交网络平台是受到特定内在动机的影响，因此，本书希望借助该理论以更好地理解微信这个特定环境下用户主动和被动使用的动机。未来研究可以考虑基于其他理论视角，进一步对比和探索更多的社交网络用户主动和被动使用的潜在影响因素。例如，本书第5章的深度访谈结果显示，时间因素和个体差异对用户主动和被动使用的影响有所不同，未来研究可以进一步检验这一结果。

7.3.2 未来研究方向

社交网络企业的不断发展，用户参与和使用社交网络的方式越来越多样化。而不同方式的使用对用户体验带来的影响，以及影响用户不同使用行为的因素都需要相关学者们和社交网络平台企业未来持续挖掘和探索。

第一，探索潜在的调节变量，进一步加深对社交网络主动和被动使用影响的了解。目前的研究主要聚焦于被动使用对心理变量的影响受到哪些调节因素的影响，缺乏探索对社交网络用户主动和被动使用行为均起作用的调节变量。未来研究可以从人格因素、人口统计学因素等个体因素方面着手，拓展和细化社交网络使用影响的相关研究。此外，本书聚焦于社交网络使用对用户的心理、社交环境和行为等方面带来的影响，未来研究还可以探索社交网络主动和被动使用对用户其他方面的影响，譬如工作绩效等，甚至对企业和社会可能带来的影响。

第二，从阻碍因素的角度考虑，探索抑制社交网络用户主动和被动使用的因素。本书仅从用户内在心理和社会性需求以及文化因素的角度考虑了推动用户主动和被动使用的影响因素。未来研究可以进一步探索，阻碍或者减少用户参与主动互动交流、主动创造内容、被动浏览朋友圈和公众号的潜在因素。例如，越来越多的社交网络倦怠现象涌现，社交网络中充斥着大量无关和冗杂的信息及社交请求，这些是否以及如何阻碍用户的主动互动和被动浏览行为，可以在未来进一步探索。

第三，未来研究可以考虑位置类型在用户发布位置及相关信息时造成的影响。用户发布的位置信息有不同的类型，不同的地理位置信息可能具有不同的意义。例如，旅游景区的位置信息更具有社会吸引力，而用户可能对于家或者工作地的位置信息更加敏感。未来研究可以进一步探讨多样化的位置信息类型在位置信息表露行为中的影响。另外，本书中位置表露不仅包含单纯的位置签到，还包括人们在发布状态或照片时标记自己的地理坐标，而发布状态或照片时的位置表露会可能会受到其发布内容的影响，未来研究可以着重探索用户表露内容和其表露位置之间的关系。

第四，在变量测量和样本选取等方面，还存在需要进一步改进的地方。例如，基于脸书的主动和被动使用量表进行的量表修订，样本的规模和便利性样本，行为数据采取自报告式等问题，在后续的研究中将进一步完善。

附　　录

A. 微信主动和被动使用量表

您通常在微信上参与以下活动的频率如何？请根据您的真实情况选择最接近的答案。（注意：选择"5 非常频繁"意味着您一旦登录微信，100% 会做以下事情）

	从不（0%）	很少（25%）	有时（50%）	有些频繁（75%）	非常频繁（100%）
1. 在朋友圈发布状态	1	2	3	4	5
2. 在朋友圈发布照片	1	2	3	4	5
3. 在朋友圈发布视频	1	2	3	4	5
4. 与微信好友聊天（语音、文字、表情包、图片或视频）	1	2	3	4	5
5. 参与微信群聊天（语音、文字、表情包、图片或视频）	1	2	3	4	5
6. 对好友状态、照片或视频等点赞或评论	1	2	3	4	5
7. 浏览朋友圈状态、照片或视频（不点赞和评论）	1	2	3	4	5
8. 登录微信查看微信好友在做什么	1	2	3	4	5
9. 查看微信好友的朋友圈（个人主页）	1	2	3	4	5
10. 单纯浏览公众号文章（不点赞、评论或分享）	1	2	3	4	5
11. 登录微信查看公众号文章的更新	1	2	3	4	5

B. 问卷一

亲爱的女士（先生）：您好！

我们是重庆大学的研究人员，感谢您百忙之中参加我们的调查问卷，这份问卷将花去您 5 分钟左右时间。您提供的数据资料仅作我们的研究之用，问卷中的信息不会外泄。问卷中的回答无对错之分，请您根据您的真实感受和想法进行填写。

感谢您的参与！感谢您对我们工作的支持！

****

请根据您的同意程度在相应的数字上打"√"或做其他任意标记便可。（数字越大表示您越同意该说法）。

第一部分：

A 在线幸福感量表

请结合个人经验和看法回答以下问题	完全不同意	不同意	比较不同意	一般	比较同意	同意	完全同意
1. 在大多数方面，我在微信中的社交生活与我理想中很像	1	2	3	4	5	6	7
2. 我认为自己在微信上的社交生活条件很不错	1	2	3	4	5	6	7
3. 我对微信上的社交生活感到很满意	1	2	3	4	5	6	7
4. 到目前为止，我已经从微信上的社交生活中得到了我想要的重要东西	1	2	3	4	5	6	7

B 抑郁情绪量表

请结合您的经验评定最近一周内以下每个情绪出现的频率	很少或没有	偶尔	经常	总是
1. 即使我的家人和好友帮助我，我仍然无法感到高兴	1	2	3	4
2. 我感到不开心或沮丧	1	2	3	4
3. 我感到悲伤难过	1	2	3	4
4. 我感到孤独	1	2	3	4
5. 我感到害怕	1	2	3	4

C 社会资本量表

请结合个人经验和看法回答以下问题	完全不同意	不同意	比较不同意	一般	比较同意	同意	完全同意
1. 与微信好友的交往可以让我对我城市以外发生的事情感兴趣	1	2	3	4	5	6	7
2. 与微信好友的交往使我想要尝试新的事情	1	2	3	4	5	6	7

续表

请结合个人经验和看法回答以下问题	完全 不同意	不同意	比较 不同意	一般	比较 同意	同意	完全 同意
3. 与微信好友交往使我对与我不同的人在思考什么感兴趣	1	2	3	4	5	6	7
4. 与微信好友聊天使我对世界其他地方感兴趣	1	2	3	4	5	6	7
5. 与微信好友交往使我感到成为一个大型社区的一部分	1	2	3	4	5	6	7
6. 我愿意花费时间支持微信上的活动	1	2	3	4	5	6	7
7. 在微信上，我总是可以接触到新朋友	1	2	3	4	5	6	7
8. 有一些我信任的微信好友可以帮助我解决问题	1	2	3	4	5	6	7
9. 有一些微信好友，我和他们谈论亲密的个人问题也感到很舒服	1	2	3	4	5	6	7
10. 当我感到孤单的时候，我可以和一些微信好友聊天	1	2	3	4	5	6	7
11. 当我需要借 500 元钱应急时，我知道有微信好友可以帮我	1	2	3	4	5	6	7
12. 与我交往的一些微信好友对我来说是很好的工作参谋	1	2	3	4	5	6	7
13. 与我交往的微信好友会为我打抱不平	1	2	3	4	5	6	7

D 持续使用意向量表

请结合您的真实想法回答以下问题	完全 不同意	不同意	比较 不同意	一般	比较 同意	同意	完全 同意
1. 如果可以的话，我想在未来继续使用微信	1	2	3	4	5	6	7
2. 我很可能在未来继续使用微信	1	2	3	4	5	6	7
3. 我打算在未来继续使用微信	1	2	3	4	5	6	7

第二部分：基本信息

［单选题］［必答题］

1. 您的性别是(   )

A. 男　　　　　　　　　B. 女

2. 您的年龄处于(   )岁。

A. 18 以下　　　　　　　B. 18 ~ 25

C. 26 ~ 35　　　　　　　D. 36 ~ 55

E. 55 以上

3. 您的学历是(　　)。

A. 高中及以下　　　　　　B. 专科

C. 本科　　　　　　　　　D. 研究生及以上

4. 您微信上的好友数量(　　)人。

A. 50 以内　　　　　　　　B. 50 ~ 150

C. 150 ~ 300　　　　　　　D. 300 ~ 500

E. 500 以上

5. 您使用微信的时间(　　)年。

A. 1 以内　　　　　　　　B. 1 ~ 2

C. 3 ~ 5　　　　　　　　　D. 5 以上

6. 通常来说,您每天使用微信的时间为(　　)。

A. 10 分钟以　　　　　　　B. 10 ~ 30 分钟

C. 30 分钟 ~ 1 小时　　　　D. 1 ~ 2 小时

E. 2 ~ 4 小时　　　　　　　F. 4 小时以上

****

本次调查到此结束,请检查一下是否有遗漏的问题,非常感谢您的支持和参与!

C. 问卷二

亲爱的女士（先生）：您好!

我们是重庆大学的研究人员,感谢您百忙之中参加我们的调查问卷,这份问卷将花去您 5 分钟左右时间。您提供的数据资料仅作我们的研究之用,问卷中的信息不会外泄。问卷中的回答无对错之分,请您根据您的真实感受和想法进行填写。

感谢您的参与! 感谢您对我们工作的支持!

****

请根据您的同意程度在相应的数字上打"√"或做其他任意标记便可。（数字越大表示您越同意该说法）。

第一部分：微信使用动机

通常，我使用微信	完全 不同意	不同意	比较 不同意	一般	比较 同意	同意	完全 同意
1. 因为它很有趣	1	2	3	4	5	6	7
2. 因为使用过程很愉快	1	2	3	4	5	6	7
3. 因为可以让我很享受	1	2	3	4	5	6	7
4. 因为可以让我放松	1	2	3	4	5	6	7
5. 因为可以帮我打发时间，特别是当我无聊的时候	1	2	3	4	5	6	7
6. 当我没有其他更好的事情可以做的时候	1	2	3	4	5	6	7
7. 就是个习惯	1	2	3	4	5	6	7
8. 就是想随便看看	1	2	3	4	5	6	7
9. 为了表达我的想法	1	2	3	4	5	6	7
10. 为了提供我自己的一些信息	1	2	3	4	5	6	7
11. 为了告诉他人一些我的事情	1	2	3	4	5	6	7
12. 为了获得有用的信息	1	2	3	4	5	6	7
13. 为了获得有帮助的信息	1	2	3	4	5	6	7
14. 为了获取与我学习、生活和工作相关的信息	1	2	3	4	5	6	7
15. 为了和家人或现实中的朋友保持联系	1	2	3	4	5	6	7
16. 为了可以和很长时间没见面或者远方的朋友保持联系	1	2	3	4	5	6	7

第二部分：基本信息

［单选题］［必答题］

1. 您的性别是(　　)。

A. 男　　　　　　　　　　B. 女

2. 您的年龄处于(　　)岁。

A. 18 以下　　　　　　　　B. 18 ~ 25

C. 26 ~ 35　　　　　　　　D. 36 ~ 55

E. 55 以上

3. 您的学历是(　　)。

A. 高中及以下　　　　　　B. 专科

C. 本科 　　　　　　　　　D. 研究生及以上

4. 您微信上的好友数量(　　　)人。

A. 50 以内 　　　　　　　　B. 50 ~ 150

C. 150 ~ 300 　　　　　　　D. 300 ~ 500

E. 500 以上

5. 您使用微信的时间(　　　)年。

A. 1 以内 　　　　　　　　B. 1 ~ 2

C. 3 ~ 5 　　　　　　　　　D. 5 以上

6. 通常来说,您每天使用微信的时间(　　　)。

A. 10 分钟以内 　　　　　　B. 10 ~ 30 分钟

C. 30 分钟 ~ 1 小时 　　　　D. 1 ~ 2 小时

E. 2 ~ 4 小时 　　　　　　　F. 4 小时以上

****

本次调查到此结束,请检查一下是否有遗漏的问题,非常感谢您的支持和参与!

D. 访谈提纲

非常感谢您在百忙之中抽出时间参加本次访谈。访谈的目的主要是了解微信使用情况,访谈时间约为一小时。为了后续处理访谈资料,需要对本次访谈进行录音,录音内容仅会用于学术研究,不会外泄。不知道您是否同意?

一、基本信息

1. 请问您的年龄是多少岁?

2. 请问您现在的职业是什么?

3. 请问您的学历水平是?

二、微信使用情况

1. 请问您的微信好友数量有多少?

2. 请问您从什么时候开始使用微信?

3. 请问您每天使用微信的时间大概有多久?

三、微信使用的影响因素（尤其了解问卷中出现的因素的影响过程）

1. 请问您认为/看到/观察到在微信使用上，男性和女性有没有什么差别？具体体现在哪些方面？

2. 请问您认为/看到/观察到年轻人和年长的人在微信使用上有没有什么差别？具体体现在哪些方面？

3. 请问您什么情况下会与人聊天？主要会聊什么？

4. 请问您什么情况下会在群里聊天？主要会聊什么？

5. 请问您什么情况下想去看朋友圈呢？为了什么？什么时候？一般什么情况下，或者对哪些朋友圈会点赞或评论？

6. 请问您什么情况下想去看公众号？为了什么？什么时候？

7. 请问您什么情况下会想去发朋友圈？一般会发什么内容？

E. 问卷三

亲爱的女士（先生）：您好！

我们是重庆大学的研究人员，感谢您百忙之中参加我们的调查问卷，这份问卷将花去您 5 分钟左右时间。此项调查的目的是了解中国社交网络用户的位置表露行为。您提供的数据资料仅作我们的研究之用，问卷中的信息不会外泄。问卷中的回答无对错之分，请您根据您的真实感受和想法进行填写。

感谢您的参与！感谢您对我们工作的支持！

****

请根据您的同意程度在相应的数字上打"√"或做其他任意标记便可。（数字越大表示您越同意该说法）。

第一部分：

A. 信任社交网络平台量表

通常，我认为微信	完全不同意	不同意	比较不同意	一般	比较同意	同意	完全同意
1. 接受其成员的建议	1	2	3	4	5	6	7
2. 努力满足其成员的需求	1	2	3	4	5	6	7

续表

通常，我认为微信	完全不同意	不同意	比较不同意	一般	比较同意	同意	完全同意
3. 努力解决大多数成员关心的问题	1	2	3	4	5	6	7
4. 对我是诚实的	1	2	3	4	5	6	7
5. 对其成员会做出承诺并信守承诺	1	2	3	4	5	6	7
6. 是值得信赖的	1	2	3	4	5	6	7
7. 会告诉其成员收集和使用个人信息的真相	1	2	3	4	5	6	7
8. 有能力保护我的隐私	1	2	3	4	5	6	7
9. 会保护我的个人信息，不会在未经授权的情况下被使用	1	2	3	4	5	6	7

B. 信任社交网络成员量表

通常，我认为微信	完全不同意	不同意	比较不同意	一般	比较同意	同意	完全同意
1. 不会使用我微信上的信息针对我	1	2	3	4	5	6	7
2. 不会以错误的方式使用我的信息	1	2	3	4	5	6	7
3. 不会滥用我在微信上的诚意	1	2	3	4	5	6	7
4. 不会转发我微信上的信息而让我难堪	1	2	3	4	5	6	7
5. 会尽可能地为我提供帮助	1	2	3	4	5	6	7
6. 会关心其他人的幸福	1	2	3	4	5	6	7
7. 会满足彼此的需求	1	2	3	4	5	6	7
8. 是值得信赖的	1	2	3	4	5	6	7
9. 彼此间是真诚的	1	2	3	4	5	6	7
10. 彼此间是开放的	1	2	3	4	5	6	7

C. 面子意识量表

请根据您的真实想法回答以下问题	完全不同意	不同意	比较不同意	一般	比较同意	同意	完全同意
1. 我希望大家认为我能做到一般人做不到的事	1	2	3	4	5	6	7
2. 我希望自己在聊天时能说出别人不知道的事	1	2	3	4	5	6	7
3. 我希望拥有一般人没有但渴望拥有的物品	1	2	3	4	5	6	7
4. 我很在乎别人对我的夸奖和称赞	1	2	3	4	5	6	7

请根据您的真实想法回答以下问题	完全不同意	不同意	比较不同意	一般	比较同意	同意	完全同意
5. 我很想让大家知道我认识一些头面人物	1	2	3	4	5	6	7
6. 我希望在别人眼中，我比大多数人都过得好	1	2	3	4	5	6	7
7. 当谈及我的弱项时，我总希望转移话题	1	2	3	4	5	6	7
8. 就算我真的不懂，我也竭力避免让其他人觉得我很无知	1	2	3	4	5	6	7
9. 我尽力隐瞒我的缺陷不让其他人知道	1	2	3	4	5	6	7
10. 如果我的工作单位不好，我会尽量不向其他人提起	1	2	3	4	5	6	7
11. 就算是我错了，我也不会向别人当面认错	1	2	3	4	5	6	7

D. 社会规范量表

请结合您的真实想法回答以下问题	完全不同意	不同意	比较不同意	一般	比较同意	同意	完全同意
1. 如果周围绝大部分同学/同事认为应该在微信朋友圈上表露位置信息，那么我在下次使用微信朋友圈时会表露自己的位置	1	2	3	4	5	6	7
2. 如果周围绝大部分朋友认为应该在微信朋友圈上表露位置信息，那么我在下次使用微信朋友圈时会表露自己的位置	1	2	3	4	5	6	7
3. 如果周围绝大部分亲人认为应该在微信朋友圈上表露位置信息，那么我在下次使用微信朋友圈时会表露自己的位置	1	2	3	4	5	6	7

E. 位置签到意向量表

请结合您的真实想法回答以下问题	完全不同意	不同意	比较不同意	一般	比较同意	同意	完全同意
1. 我愿意在微信朋友圈发布状态或照片时表露我的位置相关信息	1	2	3	4	5	6	7
2. 我有意向在不久的将来在微信朋友圈发布状态或照片时表露我的位置相关信息	1	2	3	4	5	6	7

第二部分：基本信息

非常感谢您的填写，最后留下您的相关信息吧！（请在所选答案前打"√"）

1. 您的性别

□男　　　　　　　　　　□女

2. 您的年龄

□20 岁及以下　　　　　　□21～25 岁

□26～30 岁　　　　　　　□31～50 岁

□50 岁及以上

3. 您的学历

□高中及以下　　　　　　□专科

□本科　　　　　　　　　□研究生及以上

4. 您使用智能手机的时间

□没有　　　　　　　　　□1 年以内

□1～3 年　　　　　　　　□4～5 年

□5 年以上

5. 您每天使用智能手机的时间

□没有　　　　　　　　　□1 小时以内

□1～3 小时　　□4～5 小时　　□5 小时以上

6. 您使用微信的时间

□没有　　　　　　　　　□1 年以内

□1～3 年　　　　　　　　□4～5 年

□5 年以上

7. 您每天使用微信的时间

□没有　　　　　　　　　□1 小时以内

□1～3 小时　　　　　　　□4～5 小时

□5 小时以上

8. 您微信上的好友数量

□没有　　　　　　　　　□50 人以内

□50 ~ 500 人　　　　　　　　□500 ~ 1000 人

□1000 人以上

9. 过去半年内，您使用微信披露您位置的次数

□没有　　　　　　　　　　　□1 ~ 3 次

□4 ~ 6 次　　　　　　　　　　□7 ~ 9 次

□10 次及以上

****

本次调查到此结束，请检查一下是否有遗漏的问题，非常感谢您的支持和参与！

参考文献

［1］艾尔·巴比. 社会研究方法（第十一版）［M］. 邱泽奇，译. 北京：华夏出版社，2009.

［2］艾瑞咨询. 2017 年中国移动社交用户洞察报告［EB/OL］.［2019 - 02 - 08］. http：//report. iresearch. cn/report_ pdf. aspx？id = 3020.

［3］陈向明. 社会科学中的定性研究方法［J］. 中国社会科学，1996（6）：93 - 102.

［4］德维利斯 罗伯特 F. 量表编制：理论与应用［M］. 魏勇刚，龙长权，宋武，译. 重庆：重庆大学出版社，2004.

［5］丁倩. 社交网站使用对青少年自我评价的影响［D］. 华中师范大学，2017.

［6］丁倩，张永欣，周宗奎. 社交网站使用与妒忌：向上社会比较的中介作用及自尊的调节作用［J］. 心理科学，2017（3）：618 - 624.

［7］甘春梅. 社交媒体使用动机与功能使用的关系研究：以微信为例［J］. 图书情报工作，2017（11）：106 - 115.

［8］凯度. 2018 中国社交媒体影响报告［EB/OL］.［2019 - 02 - 08］. https：//cn-en. kantar. com/media/social/2018/kantar-china-social-media-impact-report-2018/.

［9］李东进，吴波，武瑞娟. 中国消费者购买意向模型——对 Fishbein 合理行为模型的修正［J］. 管理世界，2009（1）：121 - 129.

［10］林语堂. 吾国与吾民［M］. 西安：陕西师范大学出版社，2006.

［11］罗党论，唐清泉. 政治关系、社会资本与政策资源获取：来自中国民营上市公司的经验证据［J］. 世界经济，2009（7）：84 - 96.

［12］秦海林，李超伟，万佳乐. 社会资本、农户异质性与借贷行为——

基于 CFPS 数据的测度分析与实证检验 [J]. 金融与经济, 2019 (1): 33 - 40.

[13] 孙晓娥. 扎根理论在深度访谈研究中的实例探析 [J]. 西安交通大学学报 (社会科学版), 2011, 31 (6): 87 - 92.

[14] 孙晓娥. 深度访谈研究方法的实证论析 [J]. 西安交通大学学报 (社会科学版), 2012, 32 (3): 101 - 106.

[15] 腾讯. 2017 微信用户 & 生态研究报告 [EB/OL]. [2019 - 02 - 08]. http: //tech. qq. com/a/20170424/004233. htm#p = 1.

[16] 腾讯. 微信影响力报告 [EB/OL]. [2019 - 02 - 08]. http: //tech. qq. com/a/20150127/018482. htm#p = 1.

[17] 腾讯. 微信影响力报告 [EB/OL]. [2019 - 02 - 08]. http: //tech. qq. com/a/20160321/007049. htm#p = 1.

[18] 腾讯研究院. 社交的尺度 [M]. 杭州: 浙江传媒出版集团, 2016.

[19] 王帆. 在华外国人的媒介使用与效果研究 [D]. 复旦大学, 2012.

[20] 王晓婧, 张绍杰. 基于印象管理理论分析的面子呈现策略 [J]. 东北师大学报 (哲学社会科学版), 2015 (2): 109 - 113.

[21] 王彦兵, 郑菲. 国外 SNS 用户个人信息披露实证研究的影响因素及其理论评述 [J]. 情报杂志, 2016 (5): 201 - 207.

[22] 吴明隆. SPSS 统计应用实务 [M]. 北京: 中国铁道出版社, 2000.

[23] 吴明隆. 问卷统计分析实务 [M]. 重庆: 重庆大学出版社, 2010.

[24] 肖璇. 基于社会影响理论的社交网络服务持续使用机理与模型研究 [D]. 哈尔滨工业大学, 2016.

[25] 姚静静. 社交网络用户过度使用到理性使用的实证研究 [D]. 中国科学技术大学, 2017.

[26] 张新安. 中国人的面子观与炫耀性奢侈品消费行为 [J]. 营销科学学报, 2012, 8 (1): 76 - 94.

[27] 张文宏. 社会资本: 理论争辩与经验研究 [J]. 社会学研究, 2003 (4): 23 - 35.

［28］赵一萌. 社会资本对农村家庭创业的影响［D］. 福建农林大学，2018.

［29］郑君君，刘春燕，沈校亮，邵聪. 基于使用与满足理论的社交媒体用户参与研究——考虑问题性使用的中介作用和性别的调节作用［J］. 技术经济，2017，36（1）：123 - 129.

［30］周广肃，樊纲，申广军. 收入差距、社会资本与健康水平——基于中国家庭追踪调查（CFPS）的实证分析［J］. 管理世界，2014（7）：12 - 21.

［31］Adler P S, Kwon S. Social Capital：Prospects for a New Concept［J］. Academy of Management Review，2002，1（27）：17 - 40.

［32］Ahmad S, Mustafa M, Ullah A. Association of demographics, motives and intensity of using Social Networking Sites with the formation of bonding and bridging social capital in Pakistan［J］. Computers in Human Behavior，2016（57）：107 - 114.

［33］Akbulut Y, Günüç S. Perceived social support and Facebook use among adolescents［J］. International Journal of Cyber Behavior, Psychology and Learning，2012，2（1）：30 - 41.

［34］Al-Dubai S A R, Ganasegeran K, Al-Shagga M A M, Yadav H, Arokiasamy J T. Adverse Health Effects and Unhealthy Behaviors among Medical Students Using Facebook［J］. The Scientific World Journal，2013：1 - 5.

［35］Ang C, Abu Talib M, Tan K, Tan J, Yaacob S N. Understanding computer-mediated communication attributes and life satisfaction from the perspectives of uses and gratifications and self-determination［J］. Computers in Human Behavior，2015（49）：20 - 29.

［36］Apaolaza V, Hartmann P, Medina E, Barrutia J M, Echebarria C. The relationship between socializing on the Spanish online networking site Tuenti and teenagers' subjective wellbeing：The roles of self-esteem and loneliness［J］. Computers in Human Behavior，2013，29（4）：1282 - 1289.

［37］Asante K O, Nyarko J. The physical and behavioural consequences of Facebook use among university students ［J］. Mediterranean Journal of Social Sciences, 2014, 5 (27): 774 – 781.

［38］Asbury T, Hall S. Facebook as a mechanism for social support and mental health wellness ［J］. Psi Chi Journal of Psychological Research, 2013, 18 (3): 124 – 129.

［39］Bagozzi R P, Dholakia U M, Pearo L R K. Antecedents and consequences of online social interactions ［J］. Media Psychology, 2007, 9 (1): 77 – 114.

［40］Baker D R. Citation analysis: A methodological review ［J］. Social Work Research & Abstracts, 1990, 26 (3): 3 – 10.

［41］Baker R K, White K M. Predicting adolescents' use of social networking sites from an extended theory of planned behaviour perspective ［J］. Computers in Human Behavior, 2010, 26 (6): 1591 – 1597.

［42］Bandura A. Social foundations of thought and action: A social cognitive theory ［M］. NJ: Prentice-Hall, 1986.

［43］Bandura A. Social Learning Theory ［M］. Oxford, England: Prentice Hall, 1976.

［44］Bandura A. Social cognitive theory of mass communication ［J］. Media Psychology, 2001, 3 (3): 265 – 299.

［45］Banjanin N, Banjanin N, Dimitrijevic I, Pantic I. Relationship between internet use and depression: Focus on physiological mood oscillations, social networking and online addictive behavior ［J］. Computers in Human Behavior, 2015 (43): 308 – 312.

［46］Bao Y Q, Zhou K Z, Su C T. Face consciousness and risk aversion: Do they affect consumer decision-making ［J］. Psychology & Marketing, 2003, 20 (8): 733 – 755.

［47］Bareket-Bojmel L, Moran S, Shahar G. Strategic self-presentation on

Facebook: Personal motives and audience response to online behavior [J]. Computers in Human Behavior, 2016 (55): 788 – 795.

[48] Bayer J, Ellison N, Schoenebeck S, Brady E, Falk E B. Facebook in context (s): Measuring emotional responses across time and space [J]. New Media & Society, 2018, 20 (3): 1047 – 1067.

[49] Bazarova N N. Public Intimacy: Disclosure Interpretation and Social Judgments on Facebook [J]. Journal of Communication, 2012, 62 (5): 815 – 832.

[50] Bourdieu P. The forms of capital [M]. Handbook of Theory and Research for the Sociology of Education, Richardson J, New York: Greenwood, 1985: 241 – 258.

[51] Boyd D M, Ellison N B. Social network sites: Definition, history, and scholarship [J]. Journal of Computer-mediated Communication, 2007, 13 (1): 210 – 230.

[52] Brandtzæg P B, Lüders M, Skjetne J H. Too Many Facebook "Friends"? Content Sharing and Sociability Versus the Need for Privacy in Social Network Sites [J]. International Journal of Human-Computer Interaction, 2010, 26 (11 – 12): 1006 – 1030.

[53] Brooks S. Does personal social media usage affect efficiency and well-being? [J]. Computers in Human Behavior, 2015 (46): 26 – 37.

[54] Bucy E P. Interactivity in Society: Locating anElusive Concept [J]. The Information Society, 2004, 20 (5): 373 – 383.

[55] Buglass S L, Binder J F, Betts L R, Underwood J D M. Motivators of online vulnerability: The impact of social network site use and FOMO [J]. Computers in Human Behavior, 2017 (66): 248 – 255.

[56] Burke M, Develin M. Once More with Feeling: Supportive Responses to Social Sharing on Facebook [C]. San Francisco, CA, USA: ACM, 2016.

[57] Burke M, Kraut R. Growing closer on facebook: changes in tie strength

through social network site use [C]. Toronto, ON, Canada: ACM, 2014.

[58] Burke M, Kraut R, Marlow C. Social Capital on Facebook: Differentiating Uses and Users [C]. New York, USA: ACM, 2011: 571 – 580.

[59] Burke M, Marlow C, Lento T. Social network activity and social well-being [C]. New York, USA: ACM, 2010: 1909 – 1912.

[60] Burrow A L, Rainone N. How many likes did I get?: Purpose moderates links between positive social media feedback and self-esteem. [J]. Journal of Experimental Social Psychology, 2017 (69): 232 – 236.

[61] Burt R S. Structural holes [M]. Cambridge, MA: Harvard University Press, 1992.

[62] Butler B S. Membership Size, Communication Activity, and Sustainability: A Resource-Based Model of Online Social Structures [J]. Information Systems Research, 2001, 12 (4): 346 – 362.

[63] Cantril H. Professor quiz: a gratification study [M]. New York: Duell, Sloan and Pearce, 1942.

[64] Chang C. Self-construal and Facebook activities: Exploring differences in social interaction orientation [J]. Computers in Human Behavior, 2015 (53): 91 – 101.

[65] Chang C, Heo J. Visiting theories that predict college students' self-disclosure on Facebook [J]. Computers in Human Behavior, 2014 (30): 79 – 86.

[66] Chen A, Lu Y, Chau P Y K, Gupta S. Classifying, Measuring, and Predicting Users' Overall Active Behavior on Social Networking Sites [J]. Journal of Management Information Systems, 2014, 31 (3): 213 – 253.

[67] Chen J, Shen X L, Chen Z J. Understanding Social Commerce Intention: A Relational View [C]. Washington, DC, USA: IEEE Computer Society, 2014: 1793 – 1802.

[68] Chen W, Lee K. Sharing, Liking, Commenting, and Distressed? The Pathway Between Facebook Interaction and Psychological Distress [J]. Cyberpsy-

chology, Behavior, and Social Networking, 2013, 16 (10): 728 - 734.

[69] Cheng C. Getting the right kind of support: Functional differences in the types of social support on depression for Chinese adolescents [J]. Journal of Clinical Psychology, 1998, 54 (6): 845 - 849.

[70] Cheung C M K, Lee M K O. A theoretical model of intentional social action in online social networks [J]. Decision Support Systems, 2010, 49 (1): 24 - 30.

[71] Chiang H S, Hsiao K L. YouTube stickiness: the needs, personal, and environmental perspective [J]. Internet Research, 2015, 25 (1): 85 - 106.

[72] Chin W W. The partial least squares approach for structural equation modeling [M] // G. A. Marcoulides. Methodology for business and management. Modern methods for business research. Mahwah, NJ, US: Lawrence Erlbaum Associates Publishers: 2015: 295 - 336.

[73] Chin W W. How to Write Up and Report PLS Analyses [M]. Berlin, Heidelberg, Dordrecht, London and New York: Springer, 2010.

[74] Chin W W, Marcolin B L, Newsted P R. APartial Least Squares Latent Variable Modeling Approach for Measuring Interaction Effects: Results from a Monte Carlo Simulation Study and an Electronic-Mail Emotion/Adoption Study [J]. Information Systems Research, 2003, 14 (2): 189 - 217.

[75] Chin W W, Newsted P R. Structural Equation Modeling Analysis with Small Samples Using Partial Least Square [M] // R. Hoyle. Statistical Strategies for Small-Sample Research. Thousand Oaks, Ca: Sage Publications: 1999: 307 - 341.

[76] Chiu C, Hsu M, Wang E T G. Understanding knowledge sharing in virtual communities: An integration of social capital and social cognitive theories [J]. Decision Support Systems, 2006, 42 (3): 1872 - 1888.

[77] Cho Y. Attachment Style and its Influence on the Activities, Motives,

and Consequences of SNS Use ［J］. Journal of Broadcasting & Electronic Media, 2014, 58 (4): 522 – 541.

［78］Choi G, Chung H. Applying the Technology Acceptance Model to Social Networking Sites (SNS): Impact of Subjective Norm and Social Capital on the Acceptance of SNS ［J］. International Journal of Human-Computer Interaction, 2013, 29 (10): 619 – 628.

［79］Choi J, Kim H J. Influence of SNS User Innovativeness and Public Individuation on SNS Usage Patterns and Social Capital Development: The Case of Facebook ［J］. International Journal of Human-Computer Interaction, 2016, 32 (12): 921 – 930.

［80］Choi S B, Lim M S. Effects of social and technology overload on psychological well-being in young South Korean adults: The mediatory role of social network service addiction ［J］. Computers in Human Behavior, 2016 (61): 245 – 254.

［81］Chou HG, Edge N. "They Are Happier and Having Better Lives than I Am": The Impact of Using Facebook on Perceptions of Others' Lives ［J］. Cyberpsychology Behavior & Social Networking, 2012, 15 (2): 117 – 121.

［82］Clark J L, Algoe S B, Green M C. Social Network Sites and Well-Being: The Role of Social Connection ［J］. Current Directions in Psychological Science, 2017, 27 (1): 32 – 37.

［83］CNNIC. 第43次中国互联网络发展状况统计报告 ［EB/OL］. ［2019 – 02 – 08］. http: //cnnic. cn/gywm/xwzx/rdxw/20172017 ＿ 7056/201902/W0 20190228474508417254. pdf, 2019.

［84］CNNIC. 2016年中国社交应用用户行为研究报告 ［EB/OL］. ［2019 – 02 – 08］. http: //www. cnnic. net. cn/hlwfzyj/hlwxzbg/sqbg/201712/t20171227_ 70118. htm, 2016.

［85］Coleman J S. Social Capital in the Creation of Human Capital ［J］. American Journal of Sociology, 1998 (94): 95 – 120.

[86] Contena B, Loscalzo Y, Taddei S. Surfing on Social Network Sites A comprehensive instrument to evaluate online self-disclosure and related attitudes [J]. Computers in Human Behavior, 2015 (49): 30 –37.

[87] Cummings J N, Lee J B, Kraut R. Communication technology and friendship during the transition from high school to college [M] // Kraut R, Brynin M, Kiesler S. Computers, phones, and the internet: Domesticating information technology. New York: Oxford University Press: 2006: 265 –278.

[88] Deters F G, Mehl M R. Does Posting Facebook Status Updates Increase or Decrease Loneliness? An Online Social Networking Experiment [J]. Social Psychological & Personality Science, 2013, 4 (5): 579 –586.

[89] Deters F G, Mehl M R, Eid M. Social responses to Facebook status updates: The role of extraversion and social anxiety [J]. Computers in Human Behavior, 2016 (61): 1 –13.

[90] Dhir A, Tsai C. Understanding the relationship between intensity and gratifications of Facebook use among adolescents and young adults [J]. Telematics and Informatics, 2017, 34 (4): 350 –364.

[91] Ding Q, ZhangY, Wei H, Huang F, Zhou Z. Passive social network site use and subjective well-being among Chinese university students: A moderated mediation model of envy and gender [J]. Personality & Individual Differences, 2017, 113: 142 –146.

[92] Domino G, Affonso D, Slobin M. Community Psychology in the People's Republic of China [J]. Psychologia, 1987, 30 (5): 371 –373.

[93] Ebersole S. Uses and Gratifications of the Web among Students [J]. Journal of Computer-Mediated Communication, 2010, 6 (1).

[94] Eisenhardt K M. BuildingTheories from Case Study Research [J]. Academy of Management Review, 1989, 14 (4): 532 –550.

[95] Elliott W R, Rosenberg W L. The 1985 Philadelphia Newspaper Strike: A Uses and Gratifications Study [J]. Journalism Quarterly, 1987, 64 (4): 679 –

687.

［96］Ellison N B, Steinfield C, Lampe C. The benefits of Facebook "friends": Social capital and college students' use of online social network sites ［J］. Journal of Computer-mediated Communication, 2007, 12 (14) .

［97］Ellison N B, Vitak J, Gray R, Lampe C. Cultivating Social Resourceson Social Network Sites: Facebook Relationship Maintenance Behaviors and Their Role in Social Capital Processes ［J］. Journal of Computer-Mediated Communication, 2014, 19 (4): 855 – 870.

［98］Emarketer. Global social network users reached 2. 28 billion in2017 ［EB/OL］. ［2019 – 02 – 08］. https://www. emarketer. com/Report/Worldwide-Social-Network-Users-eMarketersEstimates-Forecast-20162021/2002081.

［99］Erfani S S, Abedin B. Impacts of the use of social network sites on users' psychological well-being: A systematic review ［J］. Journal of the Association for Information Science and Technology, 2018, 69 (7): 900 – 912.

［100］Farquhar L K, Davidson T. Facebook frets: The role of social media use in predicting social and Facebook-specific anxiety ［J］. Journal of The Alabama Academy of Science, 2014, 85 (1): 8 – 24.

［101］Festinger L. A theory of social comparison processes ［J］. Human Relations, 1954, 7 (7): 117 – 140.

［102］Forest A L, Wood J V. When social networking is not working: individuals with low self-esteem recognize but do not reap thebenefits of self-disclosure on Facebook ［J］. Psychological Science, 2012, 23 (3): 295 – 302.

［103］Fornell C, Larcker D F. Evaluating structural equation models with unobservable variables and measurement error ［J］. Journal of Marketing Research, 1981, 18 (1): 39 – 50.

［104］Frison E, Eggermont S. Exploring the Relationships Between Different Types of Facebook Use, Perceived Online Social Support, and Adolescents' Depressed Mood ［J］. Social Science Computer Review, 2016, 34 (2): 153 –

171.

[105] Frison E, Eggermont S. Gender and Facebook motives as predictors of specific types of Facebook use: A latent growth curve analysis in adolescence [J]. Journal of Adolescence, 2016 (52): 182 – 190.

[106] Frison E, Eggermont S. Toward an Integrated and Differential Approach to the Relationships Between Loneliness, Different Types of Facebook Use, and Adolescents' Depressed Mood [J]. Communication Research, 2017.

[107] Frost R L, Rickwood D J. A systematic review of the mental health outcomes associated with Facebook use [J]. Computers in Human Behavior, 2017 (76): 576 – 600.

[108] Fukuyama F. Trust: The Social Virtues and the Creation of Prosperity [M]. New York: Free Press, 1995.

[109] Gan C. Understanding WeChat users' liking behavior: An empirical study in China [J]. Computers in Human Behavior, 2017, 68 (Supplement C): 30 – 39.

[110] Gan C. Gratifications for using social media: A comparative analysis of Sina Weibo and WeChat in China [J]. Information Development, 2018, 34 (2): 139 – 147.

[111] Gan C, Li H. Understanding the effects of gratifications on the continuance intention to use WeChat in China: A perspective on uses and gratifications [J]. Computers in Human Behavior, 2018 (78): 306 – 315.

[112] Gan C, Wang W. Uses and gratifications of social media: a comparison of microblog and WeChat [J]. Journal of Systems & Information Technology, 2015, 17 (4): 351 – 363.

[113] Gerson J, Plagnol A C, Corr P J. Passive and Active Facebook Use Measure (PAUM): Validation and relationship to the Reinforcement Sensitivity Theory [J]. Personality & Individual Differences, 2017 (117): 81 – 90.

[114] Goffman E. Interaction Ritual [M]. Chicago: Alding Publishing

Company.

[115] Gogan I C W, Zhang Z, Matemba E D. Impacts of Gratifications on Consumers' Emotions and Continuance Use Intention An Empirical Study of Weibo in China [J]. Sustainability, 2018, 9 (10): 3162.

[116] Gool E V, Ouytsel J V, Ponnet K, Walrave M. To share or not to share? Adolescents' self-disclosure about peer relationships on Facebook: An application of the Prototype Willingness Model [J]. Computers in Human Behavior, 2015 (44): 230 – 239.

[117] Granovetter M S. The Strength of Weak Ties [J]. American Journal of Sociology, 1973, 78 (6): 1360 – 1380.

[118] Granovetter M S. Problems of explanation in economic sociology [M]. Networks and organizations: Structure, form, and action, Eccles N N R G, Boston, MA: Harvard Business School Press, 1992: 25 – 56.

[119] Greitemeyer T, Mügge D O, Bollermann I. Having Responsive Facebook Friends Affects the Satisfaction of Psychological Needs More Than Having Many Facebook Friends [J]. Basic and Applied Social Psychology, 2014, 36 (3): 252 – 258.

[120] Grieve R, Indian M, Witteveen K, Anne Tolan G, Marrington J. Face-to-face or Facebook: Can social connectedness be derived online? [J]. Computers in Human Behavior, 2013, 29 (3): 604 – 609.

[121] Guo C, Shim J P, Otondo R. Social Network Services in China: An Integrated Model of Centrality, Trust, and Technology Acceptance [J]. Journal of Global Information Technology Management, 2010, 13 (2): 76 – 99.

[122] Guo Y, Li Y, Ito N. Exploring the Predicted Effect of Social Networking Site Use on Perceived Social Capital and Psychological Well-Being of Chinese International Students in Japan [J]. Cyberpsychology, Behavior, and Social Networking, 2014, 17 (1): 52 – 58.

[123] GWI. The report of usage habits of global social network users in 2015

[EB/OL]. [2019 - 02 - 08]. http: //www. 199it. com/archives/337470. html.

[124] Hair J F, Ringle C M, Sarstedt M. PLS-SEM: Indeed a Silver Bullet [J]. Journal of Marketing Theory & Practice, 2011, 19 (2): 139 - 152.

[125] Hair J F, Sarstedt M, Ringle C M, Mena J A. An assessment of the use of partial least squares structural equation modeling in marketing research [J]. Journal of the Academy of Marketing Science, 2012, 40 (3): 414 - 433.

[126] Hayes M, Stolk-Cooke K V, Muench F. Understanding Facebook use and the psychological affects of use across generations [J]. Computers in Human Behavior, 2015 (49): 507 - 511.

[127] Heidemann J, Klier M, Probst F. Online social networks: A survey of a global phenomenon. [J]. Computer Networks, 2012, 56 (18): 3866 - 3878.

[128] Heirman W, Walrave M, Vermeulen A, Ponnet K, Vandebosch H, Hardies K. Applying the Theory of Planned Behavior to adolescents' acceptance of online friendship requests sent by strangers [J]. Telematics & Informatics, 2016, 33 (4): 1119 - 1129.

[129] Hsu C L, Lu H P. Why do people play on-line games? an extended TAM with social influences and flow experience [J]. Information & Management, 2004, 41 (7): 853 - 868.

[130] Hu X, Kim A, Siwek N, Wilder D. The Facebook Paradox: Effects of Facebooking on Individuals' Social Relationships and Psychological Well-Being [J]. Frontiers in Psychology, 2017 (8).

[131] Huang H. Examining the beneficial effects of individual's self-disclosure on the social network site [J]. Computers in Human Behavior, 2016 (57): 122 - 132.

[132] Huang L, Hsieh Y, Wu Y J. Gratifications and social network service usage: The mediating role of online experience [J]. Information & Management, 2014, 51 (6SI): 774 - 782.

[133] Ishii K. Online communication with strong ties and subjective well-being in Japan [J]. Computers in Human Behavior, 2017 (66): 129 – 137.

[134] Jackson L A, Wang J. Cultural differences in social networking site use: A comparative study of China and the United States [J]. Computers in Human Behavior, 2013, 29 (3): 910 – 921.

[135] Jelenchick L A, Eickhoff J C, Moreno M A. "Facebook depression?" social networking site use and depression in older adolescents [J]. Journal of Adolescent Health Official Publication of the Society for Adolescent Medicine, 2013, 52 (1): 128 – 130.

[136] Ji H Y, Jeong E J. Psychosocial effects of SNS use: A longitudinal study focused on the moderation effect of social capital [J]. Computers in Human Behavior, 2017 (69): 108 – 119.

[137] Jr E C T, Ferrucci P, Duffy M. Facebook use, envy, and depression among college students: Is facebooking depressing? [J]. Computers in Human Behavior, 2015, 43 (43): 139 – 146.

[138] Kalpidou M, Costin D, Morris J. The Relationship Between Facebook and the Well-Being of Undergraduate College Students [J]. Cyberpsychology, Behavior, and Social Networking, 2011, 14 (4): 183 – 189.

[139] Karapanos E, Teixeira P, Gouveia R. Need fulfillment and experiences on social media: A case on Facebook and WhatsApp [J]. Computers in Human Behavior, 2016, 55 (B): 888 – 897.

[140] Kauten R L, Lui J H L, Stary A K, Barry C T. "Purging my friends list. Good luck making the cut": Perceptions of narcissism on Facebook [J]. Computers in Human Behavior, 2015 (51): 244 – 254.

[141] Kim B, Kim Y. College students' social media use and communication network heterogeneity: Implications for social capital and subjective well-being [J]. Computers in Human Behavior, 2017 (73): 620 – 628.

[142] Kim J Y, Chung N, Ahn K M. Why people use social networking serv-

ices in Korea: The mediating role of self-disclosure on subjective well-being [J]. Information Development, 2013, 30 (3): 276 – 287.

[143] Kim J, Larose R, Peng W. Loneliness as the cause and the effect of problematic Internet use: the relationship between Internet use and psychological well-being [J]. CyberPsychology & Behavior, 2009, 12 (4): 451 – 455.

[144] Kim J, Lee J R. The Facebook Paths to Happiness: Effects of the Number of Facebook Friends and Self-Presentation on Subjective Well-Being [J]. Cyberpsychology Behavior & Social Networking, 2011, 14 (6): 359 – 364.

[145] Koohikamali M, Gerhart N, Mousavizadeh M. Location disclosure on LB-SNAs: The role of incentives on sharing behavior [J]. Decision Support Systems, 2015 (71): 78 – 87.

[146] Koroleva K, Krasnova H, Günther O. 'STOP SPAMMING ME!' Exploring information overload on Facebook [C]. Lima, Peru: Proceedings of the Sixteenth Americas Conference on Information Systems, 2010.

[147] Koroleva K, Krasnova H, Veltri N F, Günther O. It's All About Networking! Empirical Investigation of Social Capital Formation on Social Network Sites [C]. Shanghai: Thirty Second International Conference on Information Systems, ICIS, 2011.

[148] Kramer A D I, Guillory J E, Hancock J T. Experimental evidence of massive-scale emotional contagion through social networks [J]. Proceedings of the-National Academy of Sciences, 2014, 111 (24): 8788 – 8790.

[149] Krasnova H, Spiekermann S, Koroleva K, Hildebrand T. Online social networks: why we disclose [J]. Journal of Information Technology, 2010, 25 (2): 109 – 125.

[150] Krasnova H, Wenninger H, Widjaja T, Buxmann P. Envy on Facebook: a hidden threat to users' life satisfaction [C]. Leipzig, Germany: 11th International Conference on Wirtschaftsinformatik, 2013.

[151] Krasnova H, Widjaja T, Buxmann P, Wenninger H, Benbasat

I. Research Note—Why Following Friends Can Hurt You: An Exploratory Investigation of the Effects of Envy on Social Networking Sites among College-Age Users [J]. Information Systems Research, 2015, 26 (3): 585 – 605.

[152] Kraut R, Burke M. Internet use and psychological well-being [J]. Communications of the ACM, 2015, 58 (12): 94 – 100.

[153] Kraut R, Patterson M, Lundmark V, Kiesler S, Mukopadhyay T, Scherlis W. Internet paradox. A social technology that reduces social involvement and psychological well-being? [J]. American Psychologist, 1998, 53 (9): 1017 – 1031.

[154] Kross E, Verduyn P, Demiralp E, Park J, Lee D S, Lin N, Shablack H, Jonides J, Ybarra O. Facebook Use Predicts Declines in Subjective Well-Being in Young Adults [J]. PLoS One, 2013, 8 (8).

[155] Ku Y, Chu T, Tseng C. Gratifications for using CMC technologies: A comparison among SNS, IM, and e-mail [J]. Computers in Human Behavior, 2013, 29 (1): 226 – 234.

[156] Kwon O, Wen Y. An empirical study of the factors affecting social network service use [J]. Computers in Human Behavior, 2010, 26 (2): 254 – 263.

[157] Labrague L. Facebook use and adolescents' emotional states of depression, anxiety, and stress. [J]. Health Science Journal, 2014, 8 (1): 80 – 89.

[158] Latané B. The psychology of social impact [J]. American Psychologist, 1981, 36 (4): 343 – 356.

[159] Lee J Y, Park S, Na E, Kim E. A comparative study on therelationship between social networking site use and social capital among Australian and Korean youth [J]. Journal of Youth Studies, 2016, 19 (9): 1164 – 1183.

[160] Leimeister J M, Ebner W, Krcmar H. Design, Implementation, and Evaluation of Trust-Supporting Components in Virtual Communities for Patients

[J]. Journal of Management Information Systems, 2005, 21 (4): 101 –135.

[161] Li H, Liu Y, Xu X, Heikkilä J, Heijden H V D. Modeling hedonic is continuance through the uses and gratifications theory: An empirical study in on-line games [J]. Computers in Human Behavior, 2015 (48): 261 –272.

[162] Li Q, Guo X, Bai X. Weekdays or weekends: Exploring the impacts of microblog posting patterns on gratification and addiction [J]. Information & Management, 2017, 54 (5): 613 –624.

[163] Li X, Chen W, Popiel P. What happens on Facebook stays on Face-book? The implications of Facebook interaction for perceived, receiving, and giv-ing social support [J]. Computers in Human Behavior, 2015 (51): 106 –113.

[164] Lin J. Need for relatedness: a self-determination approach to examining attachment styles, Facebook use, and psychological well-being [J]. Asian Jour-nal of Communication, 2016, 26 (2): 153 –173.

[165] Lin J, Benisch M, Sadeh N, Niu J, Hong J, Lu B, Guo S. A com-parative study of location-sharing privacy preferences in the United States and China [J]. Personal and Ubiquitous Computing, 2013, 17 (4): 697 –711.

[166] Lin J, Lee Y, Jin Y, Gilbreath B. Personality Traits, Motivations, and Emotional Consequences of Social Media Usage [J]. Cyberpsychology, Be-havior, and Social Networking, 2017, 20 (10): 615 –623.

[167] Lin L, Xi D, Lueptow R M. Public face and private thrift in Chinese consumer behaviour [J]. International Journal of Consumer Studies, 2013, 37 (5): 538 –545.

[168] Lin N, Ensel W M, Vaughn J C. Social Resources and Strength of Ties: StructuralFactors in Occupational Status Attainment [J]. American Socio-logical Review, 1981, 46 (4): 393 –405.

[169] Lin R, Utz S. The emotional responses of browsing Facebook: Happi-ness, envy, and the role of tie strength [J]. Computers in Human Behavior, 2015 (52): 29 –38.

［170］LincolnY S, Guba E G. Naturalistic Inquiry ［M］. New York, NY: Sage, 1985.

［171］Liu D, Brown B B. Self-disclosure on social networking sites, positive feedback, and social capital among Chinese college students ［J］. Computers in Human Behavior, 2014 (38): 213 – 219.

［172］LiuI, Cheung C, Lee M. Understanding Twitter Usage: What Drive People Continue to Tweet ［C］. Taipei, Taiwan: Pacific Asia Conference on Information Systems, PACIS 2010.

［173］Liu I L B, Cheung C M K, Lee M K O. User satisfaction with microblogging: Information dissemination versus social networking ［J］. Journal of the Association for Information Science and Technology, 2016, 67 (1): 56 – 70.

［174］Liu J, Rau P P, Wendler N. Trust and online information-sharing in close relationships: a cross-culturalperspective ［J］. Behaviour & Information Technology, 2015, 34 (4): 363 – 374.

［175］Liu L, Lee M K O, Liu R, Chen J. Trust transfer in social media brand communities: The role of consumer engagement ［J］. International Journal of Information Management, 2018 (41): 1 – 13.

［176］Luarn P, Yang J, Chiu Y. Why People Check In to Social Network Sites ［J］. International Journal of Electronic Commerce, 2015, 19 (4): 21 – 46.

［177］Lup K, Trub L, Rosenthal L. Instagram #instasad?: exploring associations among instagram use, depressive symptoms, negative social comparison, and strangers followed ［J］. Cyberpsychology, Behavior, and Social Networking, 2015, 18 (5): 247 – 252.

［178］Malhotra N K, Kim S S, Agarwal J. Internet users' information privacy concerns (IUIPC): Tthe construct, the scale, and a causal model ［J］. Information Systems Research, 2004, 15 (4): 336 – 355.

［179］Matook S, Cummings J, Bala H. Are You Feeling Lonely? The Impact of Relationship Characteristics and Online Social Network Features on Loneliness [J]. Journal of Management Information Systems, 2015, 31 (4): 278 – 310.

[180] Mayer R C, Davis J H, Schoorman F D. An Integrative Model Of Organizational Trust [J]. Academy of Management Review, 1995, 20 (3): 709 – 734.

[181] Meng J, Martinez L, Holmstrom A, Chung M, Cox J. Research on Social Networking Sites and Social Support from 2004 to 2015: A Narrative Review and Directions for Future Research [J]. Cyberpsychology, Behavior, and Social Networking, 2017, 20 (1): 44 – 51.

[182] Mesch G S. Is online trust and trust in social institutions associated with online disclosure of identifiable information online [J]. Computers in Human Behavior, 2012, 28 (4): 1471 – 1477.

[183] Metzler A, Scheithauer H. The Long-Term Benefits of Positive Self-Presentation via Profile Pictures, Number of Friends and the Initiation of Relationships on Facebook for Adolescents' Self-Esteem and the Initiation of Offline Relationships [J]. Frontiers in Psychology, 2017 (8): 1981.

[184] Mohamed N, Ahmad I H. Information privacy concerns, antecedents and privacy measure use in social networking sites: Evidence from Malaysia [J]. Computers in Human Behavior, 2012, 28 (6): 2366 – 2375.

[185] Morgan R M, Hunt S D. The Commitment-Trust Theory of Relationship Marketing [J]. Journal of Marketing, 1994, 58 (3): 20 – 38.

[186] Morin-Major J K, Marin M, Durand N, Wan N, Juster R, Lupien S J. Facebook behaviors associated with diurnal cortisol in adolescents: Is befriending stressful [J]. Psychoneuroendocrinology, 2016 (63): 238 – 246.

[187] Muench F, Hayes M, Kuerbis A, Shao S. The independent relationship between trouble controlling Facebook use, time spent on the siteand distress [J]. Journal of Behavioral Addictions, 2015, 4 (3): 163 – 169.

[188] Mull I R, Lee S. "PIN" pointing the motivational dimensions behind

Pinterest [J]. Computers in Human Behavior, 33 (Supplement C): 2014: 192 – 200.

[189] Munzel A, Galan J P, Meyerwaarden L. Getting By or Getting Ahead on Social Networking Sites? The Role of Social Capital in Happiness and Well-Being [J]. International Journal of Electronic Commerce, 2018, 22 (2): 232 – 257.

[190] Nahapiet J, Ghoshal S. Social Capital, Intellectual Capital, and the Organizational Advantage [J]. The Academy of Management Review, 1998, 23 (2): 242 – 266.

[191] Neubaum G, Krämer N C. My Friends Right Next to Me: A Laboratory Investigation on Predictors and Consequences of Experiencing Social Closeness on Social Networking Sites [J]. Cyberpsychology, Behavior, and Social Networking, 2015, 18 (8): 443 – 449.

[192] Nie N H. Sociability, Interpersonal Relations, and the Internet: Reconciling Conflicting Findings [J]. American Behavioral Scientist, 2001 (45): 420 – 435.

[193] Nitzl C, Roldan J L, Cepeda G. Mediation analysis in partial least squares path modeling: helping researchers discuss more sophisticated models [J]. Industrial Management & Data Systems, 2016, 116 (9): 1849 – 1864.

[194] Niu G, Luo Y, Sun X, Zhou Z, Yu F, Yang S, Zhao L. Qzone use and depression among Chinese adolescents: A moderated mediation model [J]. Journal of Affective Disorders, 2018 (231): 58 – 62.

[195] Nunnally J C, Bernstein I. Psychometric theory [M]. New York: McGraw – Hill, 1994.

[196] Oh H J, Ozkaya E, Larose R. How does online social networking enhance life satisfaction? The relationships among online supportive interaction, affect, perceived social support, sense of community, and life satisfaction [J]. Computers in Human Behavior, 2014 (30): 69 – 78.

[197] Oliveira M J D, Huertas M K Z, Lin Z. Factors driving young users'

engagement with Facebook: Evidence from Brazil [J]. Computers in Human Behavior, 2016 (54): 54 – 61.

[198] Orben A C, Dunbar R I M. Social media and relationship development: The effect of valence and intimacy of posts [J]. Computers in Human Behavior, 2017 (73): 489 – 498.

[199] Pagani M, Hofacker C F, Goldsmith R E. The Influence of Personality on Active and Passive Use of Social Networking Sites [J]. Psychology & Marketing, 2011, 28 (5): 441 – 456.

[200] Pagani M, Mirabello A. The Influence of Personal and Social-Interactive Engagement in Social TV Web Sites [J]. International Journal of Electronic Commerce, 2011, 16 (2): 41 – 67.

[201] Park C, Jun J, Lee T. Consumer characteristics and the use of social networking sites: A comparison between Korea and the US [J]. International Marketing Review, 2015, 32 (3/4): 414 – 437.

[202] Park N, Lee S. College Students' Motivations for Facebook Use and Psychological Outcomes [J]. Journal of Broadcasting & Electronic Media, 2014, 58 (4): 601 – 620.

[203] Peters C, Hollenbeck A C R. An Exploratory Investigation of Consumers' Perceptions of Wireless Advertising [J]. Journal of Advertising, 2007, 36 (4): 129 – 145.

[204] Petersen C, Johnston K A. The impact of social media usage on the cognitive social capital of university students [J]. Informing Science, 2015 (18): 1 – 30.

[205] Phua J, Jin S V, Kim J J. Uses and gratifications of social networking sites for bridging and bonding social capital: A comparison of Facebook, Twitter, Instagram, and Snapchat [J]. Computers in Human Behavior, 2017 (72): 115 – 122.

[206] Podsakoff P M, Mackenzie S B, Lee J Y, Podsakoff N P. Common

method biases in behavioral research: A critical review of the literature and recommended remedies [J]. Journal of Applied Psychology, 2003, 88 (5): 879 – 903.

[207] Pornsakulvanich V. Personality, attitudes, social influences, and social networking site usage predicting online social support [J]. Computers in Human Behavior, 2017 (76): 255 – 262.

[208] Pornsakulvanich V, Dumrongsiri N. Internal and external influences on social networking site usage in Thailand [J]. Computers in Human Behavior, 2013, 29 (6): 2788 – 2795.

[209] Portes A. Social Capital: Its Origins and Applications in Modern Sociology [J]. Annual Review of Sociology, 1998 (24): 1 – 24.

[210] Putnam R D. Bowling alone: the collapse and revival of American community [M]. New York: Simon & Schuster, 2000.

[211] Qiu L, Lin H, Leung A K, Tov W. Putting their best foot forward: emotional disclosure on Facebook [J]. Cyberpsychology Behavior & Social Networking, 2012, 15 (10): 569.

[212] Quanhaase A, Young A L. Uses and Gratifications of Social Media: A Comparison of Facebook and Instant Messaging [J]. Bulletin of Science Technology & Society, 2010, 30 (5): 350 – 361.

[213] Rainie L, Smith A, Duggan M. Coming and going on Facebook [EB/OL]. [2019 – 02 – 08]. https://www. pewinternet. org/2013/02/05/coming-and-going-on-facebook/, 2013.

[214] Ravindran T, Kuan A C Y, Lian D G H. Antecedents and Effects of Social Network Fatigue [J]. Journal of the Association for Information Science & Technology, 2014, 65 (11): 2306 – 2320.

[215] Reich S, Schneider F M, Heling L. Zero Likes-Symbolic interactions and need satisfaction online [J]. Computers in Human Behavior, 2018 (80): 97 – 102.

[216] Reinecke L, Trepte S. Authenticity and well-being on social network sites: A two-wave longitudinal study on the effects of online authenticity and the positivity bias in SNS communication [J]. Computers in Human Behavior, 2014 (30): 95 – 102.

[217] Rosenblueth A, Wiener N, Bigelow J. Behavior, Purpose and Teleology [J]. Philosophy of Science, 1943, 10 (1): 18 – 24.

[218] Rousseau A, Eggermont S, Frison E. The reciprocal and indirect relationships between passive Facebook use, comparison on Facebook, and adolescents' body dissatisfaction [J]. Computers in Human Behavior, 2017 (73): 336 – 344.

[219] Rubin A M. An Examination of Television Viewing Motivations. [J]. Communication Research, 1981, 8 (2): 141 – 165.

[220] Rubin A. Uses, gratifications, and media effects research [M]. Hillsdale: Lawrence Erlbaum, 1986.

[221] Russell D, Peplau L A, Ferguson M L. Developing a measure of loneliness [J]. Journal of Personality Assessment, 1978, 42 (3): 290.

[222] Sagioglou C, Greitemeyer T. Facebook's emotional consequences: Why Facebook causes a decrease in mood and why people still use it [J]. Computers in Human Behavior, 2014 (35): 359 – 363.

[223] Scissors L, Burke M, Wengrovitz S. What's in a Like?: Attitudes and behaviors around receiving Likes on Facebook [C]. San Francisco, CA, USA: ACM, 2016.

[224] Seo M, Kim J, Yang H. Frequent Interaction and Fast Feedback Predict Perceived Social Support: Using Crawled and Self-Reported Data of Facebook Users [J]. Journal of Computer-Mediated Communication, 2016, 21 (4): 282 – 297.

[225] Shang S S C, Wu Y, Sie Y. Generating consumer resonance for purchase intention on social network sites [J]. Computers in Human Behavior, 69 (Supplement C): 2017: 18 – 28.

［226］Shaw A M, Timpano K R, Tran T B, Joormann J. Correlates of Face-book usage patterns: The relationship between passive. Facebook use, social anxiety symptoms, and brooding ［J］. Computers in Human Behavior, 2015 (48): 575 – 580.

［227］Shaw L H, Gant L M. In Defense of the Internet: The Relationship be-tween Internet Communication and Depression, Loneliness, Self-Esteem, and Per-ceived Social Support ［J］. CyberPsychology & Behavior, 2002, 5 (2): 157 – 171.

［228］Sheldon P, Rauschnabel P A, Antony M G, Car S. A cross-cultural comparison of Croatian and American social network sites: Exploring cultural differ-ences in motives for Instagram use ［J］. Computers in Human Behavior, 2017 (75): 643 – 651.

［229］Similarweb. 全球社交网络应用使用量下降 ［EB/OL］. ［2019 – 02 – 08］. http: //www. 199it. com/archives/488562. html, 2016.

［230］Smith A N, Fischer E, Chen Y. How Does Brand-related User-genera-ted Content Differ across YouTube, Facebook, and Twitter ［J］. Journal of Inter-active Marketing, 2012, 26 (2): 102 – 113.

［231］Su C C, Chan N K. Predicting social capital on Facebook: The impli-cations of use intensity, perceived content desirability, and Facebook-enabled communication practices ［J］. Computers in Human Behavior, 2017 (72): 259 – 268.

［232］Smock A D, Ellison N B, Lampe C, Wohn D Y. Facebook as a tool-kit: A uses and gratification approach to unbundling feature use ［J］. Computers in Human Behavior, 2011, 27 (6): 2322 – 2329.

［233］Steers M N, Wickham R E, Acitelli L K. Seeing Everyone Else's Highlight Reels: How Facebook Usage is Linked to Depressive Symptoms ［J］. Journal of Social and Clinical Psychology, 2014, 33 (8): 701 – 731.

［234］Steinfield C, Ellison N B, Lampe C. Social capital, self-esteem, and use of online social network sites: A longitudinal analysis [J]. Journal of Applied Developmental Psychology, 2008, 29 (6): 434 – 445.

[235] Strauss A, Corbin J. Basics of Qualitative Research: Grounded Theory Procedures and Techniques [M]. Newbury Park, California: Sage Publications, 1990.

[236] Sun Y, Fang Y, Kai H L, Straub D. User Satisfaction with Information Technology Services: A Social Capital Perspective [J]. Information Systems Research, 2012, 23 (4): 1195 – 1211.

[237] Sun Y, Wang N, Shen X, Zhang J X. Location information disclosure in location-based social network services: Privacy calculus, benefit structure, and gender differences [J]. Computers in Human Behavior, 2015 (52): 278 – 292.

[238] Tandoc E C, Ferrucci P, Duffy M. Facebook use, envy, and depression among college students: Is facebooking depressing [J]. Computers in Human Behavior, 2015 (43): 139 – 146.

[239] Teppers E, Luyckx K, Klimstra T A, Goossens L. Loneliness and Facebook motives in adolescence: A longitudinal inquiry intodirectionality of effect [J]. Journal of Adolescence, 2014, 37 (5): 691 – 699.

[240] Tingtoomey S, Kurogi A. Facework competence in intercultural conflict: An updated face-negotiation theory [J]. International Journal of Intercultural Relations, 1998, 22 (2): 187 – 225.

[241] TNS. Mobile Life [EB/OL]. [2019 – 02 – 08]. http: //www. 199it. com/archives/35172. html, 2012.

[242] Tokunaga R S, Quick J D. Impressions on Social Networking Sites: Examining the Influence of Frequency of Status Updates and Likes on Judgments of Observers [J]. Media Psychology, 2018, 21 (2): 157 – 181.

[243] Utz S. The function of self-disclosure on social network sites: Not only intimate, but also positive and entertaining self-disclosures increase the feeling of connection [J]. Computers in Human Behavior, 2015 (45): 1 – 10.

[244] Valenzuela S, Park N, Kee K F. Is There Social Capital in a Social Network Site?: Facebook Use and College Students' Life Satisfaction, Trust, and Participation [J]. Journal of Computer mediated Communication, 2009, 14 (4): 875 – 901.

[245] Valkenburg P M, Koutamanis M, VossenH. The concurrent and longitudinal relationships between adolescents' use of social network sites and their social self-esteem [J]. Computers in Human Behavior, 2017 (76): 35 – 41.

[246] Venkatesh V, Morris M G, Davis G B, Davis F D. User acceptance of information technology: toward a unified view [J]. Mis Quarterly, 2003, 27 (3): 425 – 478.

[247] Verduyn P, Lee D S, Park J, Shablack H, Orvell A, Bayer J, Ybarra O, Jonides J, Kross E. Passive Facebook Usage Undermines Affective Well-Being: Experimental and Longitudinal Evidence [J]. Journal of Experimental Psychology-General, 2015, 144 (2): 480 – 488.

[248] Verduyn P, Ybarra O, Resibois M, Jonides J, Kross E. Do Social Network Sites Enhance or Undermine Subjective Well-Being? A Critical Review [J]. Social Issues & Policy Review, 2017, 11 (1): 274 – 302.

[249] Vock M, Dolen W V, Ruyter K D. Understanding Willingness to Pay for Social Network Sites [J]. Journal of Service Research, 2013, 16 (3): 311 – 325.

[250] Walkthechat. WeChat Impact Report 2018: All the Latest WeChat Data [EB/OL]. [2019 – 02 – 08]. https: //walkthechat. com/wechat-impact-report-2016.

[251] Walther J B. Computer-mediated communication: Impersonal, interpersonal, and hyperpersonal interaction [J]. Communication Research, 1996, 23 (1): 3 – 43.

[252] Wang D, Xu L, Chan H C. Understanding thecontinuance use of social network sites: a computer self-efficacy perspective [J]. Behaviour & Information Technology, 2015, 34 (2): 204 – 216.

[253] Wang H, Meng Y, Wang W. The role of perceived interactivity in virtual communities: building trust and increasing stickiness [J]. Connection Science, 2013, 25 (1): 55 –73.

[254] Wang J, Jackson L A, Gaskin J, Wang H. The effects of Social Networking Site (SNS) use on college students' friendship and well-being [J]. Computers in Human Behavior, 2014 (37): 229 –236.

[255] Wang J, Jackson L A, Zhang D, Su Z. The relationships among the Big Five Personality factors, self-esteem, narcissism, and sensation-seeking to Chinese University students' uses of social networking sites (SNSs) [J]. Computers in Human Behavior, 2012, 28 (6): 2313 –2319.

[256] Wang J, Wang H, Gaskin J, Hawk S. The Mediating Roles of Upward Social Comparison and Self-esteem and the Moderating Role of Social Comparison Orientation in the Association between Social Networking Site Usage and Subjective Well-Being [J]. Frontiers in Psychology, 2017 (8): 771.

[257] Wang K, Frison E, Eggermont S, Vandenbosch L. Active public Facebook use and adolescents' feelings of loneliness: Evidence for a curvilinear relationship [J]. Journal of Adolescence, 2018 (67): 35 –44.

[258] Wang S S, Stefanone M A. Showing Off? Human Mobility and the Interplay of Traits, Self-Disclosure, and Facebook Check-Ins [J]. Social Science Computer Review, 2013, 31 (4): 437 –457.

[259] Wang Y, Burke M, Kraut R. Gender, topic, and audience response: an analysis of user-generated content on facebook [C]. Paris, France: ACM, 2013.

[260] Wei R, Huang J, Zheng P. Use of mobile social apps for public communication in China: Gratifications as antecedents of reposting articles from WeChat public accounts [J]. Mobile Media & Communication, 2017, 6 (1): 108 – 126.

[261] Weiser E B. The Functions of Internet Use and Their Social and Psycho-

logical Consequences [J]. CyberPsychology & Behavior, 2001, 4 (6): 723 –
743.

[262] Welch J K, Patton M Q. Qualitative Evaluation and Research Methods
[J]. Modern Language Journal, 1990, 76 (4): 543.

[263] White H. A Heteroskedasticity-Consistent Covariance Matrix Estimator
and a Direct Test for Heteroskedasticity [J]. Econometrica, 1980, 48 (4):
817 – 838.

[264] Wilson K, Fornasier S, White K M. Psychological predictors of young
adults' use of social networking sites [J]. Cyberpsychology Behavior & Social Net-
working, 2010, 13 (2): 173.

[265] Wise K, Alhabash S, Park H. Emotional Responses During Social In-
formation Seeking on Facebook [J]. Cyberpsychology Behavior & Social Networ-
king, 2010, 13 (5): 555 – 562.

[266] Wood R, Bandura A. Social Cognitive Theory of Organizational Man-
agement [J]. Academy of Management Review, 1989, 14 (3): 361 – 384.

[267] Wright K B, Rosenberg J, Egbert N, Ploeger N A, Bernard D R,
King S. Communication Competence, Social Support, and Depression Among Col-
lege Students: AModel of Facebook and Face-to-Face Support Network Influence
[J]. Journal of Health Communication, 2013, 18 (1): 41.

[268] Xie W, Kang C. See you, see me: Teenagers' self-disclosure and re-
gret of posting on social network site [J]. Computers in Human Behavior, 2015
(52): 398 – 407.

[269] Xu C, Ryan S, Prybutok V, Wen C. It is not for fun: An examina-
tion of social network site usage [J]. Information & Management, 49 (5):
2012, 210 – 217.

[270] Xu J, Kang Q, Song Z, Clarke C P. Applications of Mobile Social
Media: We Chat Among Academic Libraries in China [J]. Journal of Academic
Librarianship, 2015, 41 (1): 21 – 30.

[271] Yap S, Gaur S S. Integrating functional, social, and psychological determinants to explain online social networking usage [J]. Behaviour & Information Technology, 2016, 35 (3): 166 - 183.

[272] Yin F, Liu M, Lin C. Forecasting the continuance intention of social networking sites: Assessing privacy risk and usefulness of technology [J]. Technological Forecasting & Social Change, 2015 (99): 267 - 272.

[273] Yong G J, Hwangbo H, Ji S Y, Rau P L P, Fang X, Chen L. The Influence of Cultural Differences on the Use of Social Network Services and the Formation of Social Capital [J]. International Journal of Human-Computer Interaction, 2010, 26 (11-12): 1100 - 1121.

[274] Yoon S J. Does social capital affect SNSusage? A look at the roles of subjective well-being and social identity [J]. Computers in Human Behavior, 2014 (41): 295 - 303.

[275] Young N L, Kuss D J, Griffiths M D, Howard C J. Passive Facebook use, Facebook addiction, and associations with escapism: An experimental vignette study [J]. Computers in Human Behavior, 2017 (71): 24 - 31.

[276] Yuan C W T, Fussell S R. A tale of two sites: Dual social network site use and social network development [J]. Computers in Human Behavior, 2017 (74): 83 - 91.

[277] Zell A L, Moeller L. Are youhappy for me... on Facebook? The potential importance of "likes" and comments [J]. Computers in Human Behavior, 2018 (78): 26 - 33.

[278] Zhan L, Sun Y, Wang N, Zhang X. Understanding the influence of social media on people's life satisfaction through two competing explanatory mechanisms [J]. Aslib Journal of Information Management, 2016, 68 (3): 347 - 361.

[279] Zhang X, Cao Q, Grigoriou N. Consciousness of Social Face: The Development and Validation of a Scale Measuring Desire to Gain Face Versus Fear of

Losing Face [J]. Journal of Social Psychology, 2011, 151 (2): 129 – 149.

[280] Zhang Y, Leung L. A review of social networking service (SNS) research in communication journals from 2006 to 2011 [J]. New Media & Society, 2015, 17 (7): 1007 – 1024.

[281] Zhao X, Lynch J G, Chen Q. Reconsidering Baron and Kenny: Myths and Truths about Mediation Analysis [J]. Journal of Consumer Research, 2010, 37 (2): 197 – 206.

[282] Zhou T. Examining social capital on mobile SNS: the effect of social support [J]. Program, 2016, 50 (4): 367 – 379.

[283] Zhu X, Bao Z. Why people use social networking sites passively [J]. Aslib Journal of Information Management, 2018, 70 (2): 158 – 175.

[284] Ziegele M, Reinecke L. No place for negative emotions? The effects of message valence, communication channel, and social distance on users' willingness to respond to SNS status updates [J]. Computers in Human Behavior, 2017 (75): 704 – 713.

[285] Zlatolas L N, Welzer T, Hericko M, Hoelbl M. Privacy antecedents for SNS self-disclosure: The case of Facebook [J]. Computers in Human Behavior, 2015 (45): 158 – 167.